遠藤比呂通

Endo Hiromichi

国家とは何か、或いは人間について

怒りと記憶の憲法学

keiso shobo

「僕らの記憶は、個人的な記憶と、集合的な記憶を合わせて作り上げられている」と天吾は言った。「その二つは密接に絡み合っている。そして歴史とは集合的な記憶のことなんだ。それを奪われると、あるいは書き換えられると、僕らは正当な人格を維持していくことができなくなる」

（村上春樹『１Ｑ８４』より）

POL. My lord, I will use them according to their desert.
HAM. God's bodykins, man, much better! Use every man after his desert, and who should 'scape whipping? Use them after your own honour and dignity; the less they deserve, the more merit is in your bounty.

(from W. Shakespeare, Hamlet)

国家とは何か、或いは人間について

怒りと記憶の憲法学

目次

序　やや個人的な前書き

人権という幻

わたしは二〇一一年に、『人権という幻』という本を世に問いました。

そのなかでわたしは、人間の尊厳とは、「いかなる人間も非合法ではない」という異議申立と、それに対する応答であるとしました。異議申立とそれに対する応答から始められるべき「対話」を継続することこそ、民主主義原理のほんとうの意味であると考えたからです。あわせて、人権とは、「対話」が継続される社会の成員としての地位である「市民権」なのだという、一つの「幻」を提示しました（同書二一九頁）。

「幻」という概念は、旧約聖書箴言二九章一八節にある「幻なき民は滅ぶ。律法を守るものはさいわいである」に由来するものです。「幻」は実践と結びついて、人びとの心に刻まれるイメージであり、行動へと向かわせる特徴があります。神が示す正しい生は、掟＝律法（トーラー）のなかで教えとして示されるいっぽう、窮境におかれた人びとに共有されるべき「幻」となって出現します。

ただし、『人権という幻』では、「幻」を立ち上げるもととなった人間の窮境＝「原風景」を描くことに多くの紙幅が費やされ、どのような行動に向かうのかを示すことに不十分でした。

そこで本書では、「幻」を実現する人びとに焦点をあわせてみたいと思います。その際に鍵となるフレーズが、「個人的記憶のなかに想起しつづける集合的記憶」です。何を言おうとしているかわかりにくいと思いますので、「わたし」を例にとって、「個人的記憶」と「集合的記憶」という二つの記憶がどのように想起されているのかを、お示ししましょう。

個人的記憶のなかに想起しつづける集合的記憶

甲府盆地を流れる荒川と相川という二つの川に挟まれた一面の田圃が徐々に住宅地になっていく一九六〇年、わたしは生まれました。山梨県甲府市の飯田というところです。

父方の祖父は庭いじりが趣味で、自分で池をつくり、ぶどう棚を張りめぐらし、柿、いちじく、桃、栗、ざくろなど、果実を楽しめる木を植えていました。庭の奥には屋根付の材木置き場兼仕事場がありました。祖父は自分で図面を引く、いわゆる宮大工でした。右の耳に短い鉛筆を挟んで、材木の上に墨とたこ糸を使ってまっすぐ線を引いている姿を覚えています。

祖父は第二次世界大戦中に徴用され、名古屋の中島飛行機で戦闘機をつくっていたといいます。名古屋空襲で焼け出され、焼け跡から缶詰をたくさん担いで帰ってきました。敗戦後、仕事がない時期に、闇商売でひと儲けを企てましたが騙されて大損したという話を、小さいころに祖母から聞きました。

そのころ父は、旧制日川中学の五年生から新制日川高校三年生になりました。新設された文芸部の中心メンバーとして、「雨の降る夜」「石の表情」といった詩を隔月発行の『文園』という雑誌に寄稿し、「石の表情」では山梨県芸術祭詩部門で入選する、文学青年として活躍していました。早稲田大学文学部を志望していたようですが、進学はあきらめざるをえませんでした。

父は、文芸部顧問の推薦で地元の新聞社に入社し、社会部記者となりました。往年のエピソードとして、社内に「遠藤辞令」という言葉があったと『日川高校物語』に記録されています。警察官の年度末の人事異動を、辞令の発令より一、二日早く、本人に伝えるという意味ですが、引越しや転校の手続などがスムースに行きとてもありがたがられたようです（もちろん、いざというときに取材に応じてもらうためですが）。

父は、わたしの小さいころ、寝る前によく本を読んでくれました。木下順二の民話劇です。「彦市ばなし」「三年寝太郎」「赤い陣羽織」「瓜子姫とアマンジャク」、そして「夕鶴」。わたしが一番好きだったのは、「陽気な地獄破り」という戯曲でした。なんども読んでもらううちに話の筋を覚えてしまい、やがて自分で読むようになりました。ですから、この本はわたしの最初の愛読書です。

登場するのは、鍛冶屋、手づま師（手品師）、山伏、歯の医者です。冥土の旅の途中、自分たちがどんな病気で死んだか話しあうところから始まり、地獄に落とされてからは、それぞれが特技を使って青鬼を翻弄し、最後は閻魔大王までやっつけ、地獄破りをしてしまうという話です。

一番わくわくしたのは、地獄の責苦を執行しようとする鬼たちに対し、彼らが反省して苦しみを受け入れるどころか、かえって、地獄を楽しい場所にしてしまうところでした。たとえば、針の山の上を愉快に歩いてしまうとか、熱湯地獄を温泉にかえてしまうとか。

最近、この作品がわたしのなかでずーっと通奏低音のように流れ続けてきたことに気づきました。きっかけは、武田清子『背教者の系譜――日本人とキリスト教』に収められた「木下順二のドラマにおける原罪意識」という文章です。そこにこんな一節があります。

呪術的恍惚の呪縛から解き放たれて、人間の悪の根源を、「外」にある「魔女」にではなく、冷厳にさめた眼で自己の内深くに見出し、そのことによって人格的主体の確立を結果するところの「原罪意識」は、キリスト教がいう絶対的超越者と緊張関係に立つことなしに、果して、生まれて来るであろうか？（中略）木下順二をして、日本人の自然のふところ深くより「原罪意識」を誘い出し、掘り起こさせているものは、彼の存在の基盤にあって隠れた姿で、彼の眼を上へと向けさせているキリスト教の神、超越者なのではないかと考えさせられるのである。（同書一九四―一九五頁）

「陽気な地獄破り」は、幼いわたしの魂に、地獄や閻魔に象徴される「世間の悪」は我々がほんとうに対峙すべき人間の悪の根源ではなく、解放さるべき呪縛にすぎないということを教えてくれました。それだけでなく、呪縛から解放されることは楽しいことなのだというわくわくするような喜びを伴うことも（閻魔大王が吹き飛ばされるというシーンがあります）。

木下が、日本人の自然のふところ深くより「原罪意識」をえぐり出していたのは、「陽気な地獄破り」を書く三年前の一九六三年に世に出された「沖縄」という作品でした。「沖縄」のなかで木下は、「どうしてもとりかえしのつかんことをどうしても取り返すために」は、日本人の差別意識の問題を「民族的原罪意識」としてえぐり出すことが必要だと明らかにしています。

木下は、敗戦後「四〇年」を振り返った文章で、「沖縄」のなかの「どうしてもとりかえしのつかんことをどうしても取り返すために」というフレーズが自分のテーマとなり、以後の作品は大体このテーマのバリエイションか、それと関係のあるものになったと振り返っています。木下は、もし戦時中に社会的発言権を持っていたら「とりかえしのつかんこと」を言ったりやったりしたかもしれないと考え、「ほっとする」とともに、「とりかえしのつかんこと」を今現在の自分が犯していないと言い切ることができないと慄き続けたのです。

木下順二のドラマにおける「原罪意識」は、幼いわたしにはわかりようがないものでした。わたしは「民族的原罪意識」による自己否定という体験をする前に、その体験によって生じる、「世間の悪」の呪縛からの解放感を知ったのでした。わたしが「民族的原罪意識」に目覚めたのは、「陽気な地獄破り」を知ってから二〇年以上の年月を経た三二歳のときです。奇しくもその場所は、木下が戯曲の舞台とした沖縄でした。わたしは『希望への権利』という本でそのときのことを次のように記しています。

私は生まれて初めて、「正義」の側ではなく、少女を利用し、犯し、捨てた、帝国陸軍の一兵士としての自分を自覚しました。「私もそこにいたら同じことをしていたのだ」という恐ろしい確信です。（同書五三頁）

木下が「民族的原罪意識」をえぐり出すことによって描こうとしたのは、「過去」の問題ではありません。「沖縄」で描かれたのは、「アメリカ」に接収されてしまう周囲二〇キロの小さな島の人びとの犠牲のうえに自分たちの社会が存続しているという、わたしたち自身の「罪」の問題、つまり「今」の問題でした。「今」と直面するためには、どうしても「過去」の想起が必要なのだというメッセージが、この作品の「どうしてもとりかえしのつかんことをどうしても取り返すために」という台詞に集約されているのだと思います。

本書の構成

本書もこのメッセージを受け止めたいと思います。木下順二の通奏低音は、幼い日から、二〇二〇年に還暦を迎えたわたしの生の通奏低音でもあるからです。

本書が読者に伝えようとするメッセージは、決して難しいものではありません。実現することは困難だとしても。

人間についての考察は、人間の尊厳をその出発点にしなければならない。

ここでいう人間とは、人間としての存在そのものが危機に瀕している、歴史的人間をいう。歴史的人間は、彼女、彼自身の個人的記憶に規定されているだけでなく、社会の多数の人間が忘却の彼方へ押しやろうとする、集合的記憶を保持せざるをえない存在である。

歴史的人間が生きていかざるをえない国家という場においては、政治における嘘により、集合的記憶を保持することに大きな困難が伴う。しかし、個々の歴史的人間が、その個人的記憶のなかに想起しつづける集合的記憶だけが、共同社会をカタストロフィーから救うことのできる唯一の希望である。

したがって、尊厳とは、人間社会において人間どうしが相互に歴史的人間として「その場に存在する権利」(the right of the place) を保障しあうことである。

本書の内容を一言でいえば、国家という場において、個人的記憶のなかに集合的記憶を想起しつづける歴史的人間が、相互に保障しあうその場に存在する権利が、「人権という幻」と対比される「人権という掟」なのだということを示すことです。「その場に存在する権利」については、本書全体で語るわけですが、文学的表現をかりて言えば、『ハムレット』第二幕第二場でハムレットが、内大臣ポロウニアスに言う、「この人たちに、おまえ自身の名誉と地位にふさわしいもてなしを与えなさい」（私訳）という掟によって象徴されるものです。

つまり、本書のタイトルはほんとうは、「国家とは何か、或いは人間がその場に存在する権利について」ということになります。これでは長すぎるので、少し縮めました。そして、そのなかでもっとも大切な「或いは人間について」の部分にぜひ注目してください。

本書はこのメッセージを、プリズム（三稜鏡）によって分光して提示します。第一の稜は、個人の記憶が集合的記憶として想起されつづけ（あるいは忘却され）、真理と嘘の闘いが繰り広げられる場である、国家です（第1講から第4講）。第二の稜は、国家において、個人的記憶と集合的記憶により人格を形成し、保持しつづけようとする人間です（第5講）。そして、第三の稜は、わたしが、「その場に存在する権利」のための闘争を日々おこなっている、大阪住吉と西成の釜ヶ崎についての報告です（第6講および第7講）。

第1講から第4講までは、二〇一九年五月から一一月まで、大阪のエル大阪でおこなわれたZAZAグループの学習会での講演にもとづいています。ZAZAグループとは、国歌斉唱時に不起立を貫いたため処分をうけた公立学校の教師のグループです。わたしを講師として招いてくださった山田肇先生と奥野泰孝先生にお礼を申し上げます。第1講の骨組みは、『情況』二〇一九年春号に寄せた「法を侵す権力」でした。第3講の6節は、判例時報社「私の心に残る裁判例・第八回」に執筆した内容を発展させたものです。作品社の福田隆雄さんと判例時報社の小林香澄さんに助けられました。

第5講は、二〇一九年一二月一四日に、いわき市文化センターでおこなわれた市民大学憲法講座にもとづいています。講座を準備してくださった、矢吹道徳さんと遠藤正則さんに感謝します。その際、原発訴訟の現状について、福島市出身の花澤俊之弁護士にも報告していただきました。花澤弁護士の闘いについては、閑話休題5で紹介します。

第6講は、差別とは何かを問いつづけることの道案内をしてくれた沖浦和光の著作の解読を出発点に、わたしが二〇〇〇年四月以来二〇年にわたって法律相談をおこなってきた大阪住吉隣保館での営みについて報告します。あわせて、積極的差別是正策ではどうにもならない、部落差別の根幹にある問題に触れます。執筆に際しては、沖浦著作集第三巻の解題と書評『竹の民俗誌』を下敷きにしました。執筆の機会を与えてくださった元現代書館編集部の村井三夫さんと前田憲二監督にもお礼を申し上げなければなりません。隣保館での相談事業をともに担ってくださった、村田望さんと友永健吾さんにもお世話になりました。

第7講は、一九九九年七月以来二〇二〇年二月まで、三度中断しながらも法律相談をおこなってきた釜ヶ崎の現状を報告します。そして、わたしが「ホームレス状態について」学ぶきっかけとなったケンブリッジでのある青年との出会いについて触れます。この出会いの重要性に気づいたのは、二〇一四年に開催されたジェンダー法学会において報告する機会を与えられたからです。お招きいただいた小島妙子理事長（当時）に感謝します。

最後に、釜ヶ崎での強制排除に対し待ったをかけた裁判所の決定を付録として掲載することにしました。決定を獲得するための苦難の道をリードしてくださった武村二三夫弁護士、牧野幸子弁護士、稲垣活さんをはじめとする当事者の方々にお礼を言わせてください。

「個人的記憶のなかに想起しつづける集合的記憶」を背に負いながら、「陽気な地獄破り」から「沖縄」への旅を続けられる読者のみなさんの「喜び」となることを祈って、本書を世に送り出したいと思います。

二〇二〇年一二月　遠藤比呂通

第1講　国家とは何かを問う

1　怒りから出発する憲法学

ある人間が、何に怒りを感じるかということは、その人を知るうえでとても大事なことです。「君が代」が起立して歌われるとき、不起立であった教師の方々に対する懲戒処分や、再任用拒否に怒りを感じていらっしゃる方は、わたしはとても素敵な方々だと思っています。この怒りがなかったら、いくら「思想・良心の自由」について勉強して、最高裁判所で国に勝てるような論理を考えたって、そんなものは血が通ったものにはならない。まず、その燃える怒りが大事なんです。

しかし、その怒りがいつまでも燃えていると、これは地獄の怒りになってしまう。その怒りから冷静になって、闘うときに何がいちばん肝心なんだろうかと考える必要もある。大江健三郎なり村上春樹なりの文学にも、深い深い怒りがあるとわたしは読んでいます。そういった怒りを闘いの武器に変えていく方法として、憲法学という学問があります。人によっては、憲法学ではなく、哲学、あるいは文学だということになります。

怒りを地獄の怒りではなく、闘いの武器に変えていく方法を考える際に、大変重要だと思えることを、憲法学者樋口陽一が語っています。樋口は、「怒ることだ！」「憤激することだ！」から出発する営みを肯定的に評価したうえで、その営みが怨恨、憎悪を理論の名のもとに説くことにならないか、吟味する必要があるといいます。

その「怒り」「憤慨」が向かうべきなのは、危機の本体に対してだけではない。危機の切迫する中での苛立ちと不安、それを煽り回収しようとする企てにも向けられなければならない。苛立ちのぶつけ合いを煽り、手をつなぐべき相手の足をひっぱりあうこととなる兆候が、「危機」を一層無惨なものにしようとしているからである。（樋口・奥平編『危機の憲法学』一二頁）

樋口は、このような吟味を怠らなかった論者として、一七世紀のホッブズを挙げます。ホッブズの「万人の万人に対する闘争」の主体は個人であり、その個人にとって「友」はなく、「万人」が「敵同士」であり、そうであるからこそ和平が不可欠となりました。対して、二〇世紀のカール・シュミットは、「友―敵」のなかに集団を登場させ、純ドイツ民族に対置された「ユダヤ人」を永遠の「敵」としたのです（ホッブズとシュミットについては、第5講で触れます）。

樋口は、この対比こそ「多少とも『知』の営みに加わろうとする者が教訓とするにふさわしい」ものだといいます（同書一二頁）。本書も、樋口の教訓を踏まえて、わたし自身の「個人的見解」を出発点にしようと思います。それが憎悪の扇動にならないことを祈りつつ。

あなたは、最近、何にいちばん怒りを感じていますか？　最初に感じた怒りはなんでしたか？

わたしが最初に怒りを感じたのは、小学校四年生のときでした。そのころわたしは、学校で先生に馬鹿にされていたんです。ただ、馬鹿にされていたんだけど、馬鹿にされているということに気がつかない。小学校四年生くらいだから、「嫌な先生だな」と思うことはあったとしても、実は馬鹿にされているんだとはなかなか気がつきません。

いじめも、いじめられている子がいじめられていることに気づいて誰かに相談できればいいのですが、自分ではいじめだと認識できないことがあります。そして、気づいたときには、出口がなくてどこにもいけない状況になっている。

わたしが先生からいじめられていたのは、先生の言うことを聞かなかったからです。非常に簡単。先生も、最初は「こんなことやりたくないのに」と思っている。まず、自分の机ではなく、教室の前に座らせる。だけど、そうするともっと邪魔になる。廊下に立たせる。すると、どこかに遊びにいってしまう。そこで、「わたしは悪いことをしました」と書いた紙を体に貼って、休み時間に廊下に立たせてさらし者にする。給食を残したら、放課後に食べさせようとする。食べるまで帰さない。途中からだんだんサディスティックになっていく。これがいじめの構造です。

わたしに対するいじめがエスカレートしたのは、先生の言うことを聞かないどころか、文句を言うからです。先生が「こうだ」と教えているのに、「違うんじゃないですか」と言うものだから、「遠藤はいないほうがいい」と先生は思う。

当時「三バカ大将」というテレビドラマが流行っていて、わたしは友人二人と「三バカ大将」と先生から呼ばれていました。どうして「三バカ」かというと、教室にいないから。一応、登校してくるんですけど、学校のどこかに遊びに行ってしまう。教室にいなければ、ほかの児童にとっても先生にとっても平和が保たれます。そのへんで足をすりむいて「保健室に行ってアカチンつけてもらってきます」と言って、そのまま一日外にいる。それで給食の時間になると教室に帰ってくる。

母は、少年補導係の警察官でした。この母親が、親馬鹿だから先生の言うことを聞かない。親が先生の言うこと聞かないというのは、子どもにとっては楽ですよね。授業参観でも、先生と違うことを言っている息子を見て、「一人だけ違う答えをする息子のほうがえらい」と思って帰ってきたと、小さいわたしに言っていました。だから、いくら学校の先生が親に悪口をいっても、親から怒られたことはありません。それで、わたしはぐれなかった。

そういう学校生活が続いて、ある日、自分では友だちだと思っていたAくんという賢くてかっこいい男の子、勉強ができて、いつもきれいな服を着ていて、あこがれの男の子からこう言われたんです。「遠藤くん、いい子にしてたら誕生日に呼んであげる」。そういえば、三年生のときには呼ばれた。そのAくんが「いい子にしてたら」呼んでくれると言うのでした。

それからしばらくして、ある日の放課後、Aくんと数名のお友だちが遊んでいる。「Aくん、何してんの？」と言うと、Aくんは「誕生会やっている。今日は遊べないよ」と言う。誕生日にぼくは呼ばれなかったんだなと、そのときわかった。「いい子にしてなかったんだから仕方がない」と、自分で自分に言いきかせました。

そのことが、しばらくして、怒りに転じました。

健康診断で蓄膿症の疑いがあるという診断をされて、指定された耳鼻咽喉科に行けと言われ、週に一回通っていました。そこで、ある衝撃的な文学作品に出会ったんです。石ノ森章太郎さんの漫画『リュウの道』です。当時『猿の惑星』という映画が流行っていて、それに影響された作品です。

少年が宇宙船に乗ってたどりついた惑星は実は地球だった。そこには、ロボットが支配している街がある。もともとは人間が作り出したロボットだったのに、人間を攻撃するロボットを、また人間のために働くようにするという場面が印象的でした。

『リュウの道』のなかに、白い象牙の塔があって、そのまわりで人びとが農業をしながら、助け合い、愛し合い、暮らしていた村の話がありました。リュウは、ある不思議なことに気がついた。なんでこの村には年寄りがいないのか？　その理由がわかったんです。あるとき、その象牙の塔から音楽が流れてくると、みんな塔に向かって行き、そのなかに入ってしまう。実はその塔のなかには人食い生物がいて、村の人たちは家畜として飼われていた。この流れてくる音楽に逆らえないようにされていたんです。リュウに親切にしてくれた人たち、みんな。リュウはその催眠にかからないので、「だめだよ、そのなかに入ったら帰れなくなるよ」と言っても、みんな入って行ってしまう。

Aくんのおかげで、人生というのは、こういう大変なことなんだと教えられました。「オレが住んでる社会って『リュウの道』のこれじゃないか」と考えました。自分が信頼したり、一番仲良くしてくれていた人までもが、自分と違う考え方をしている。「いい子にしてたら誕生日に呼んでやるよ」なんて言うような奴は、友だちなんかじゃないだろう！　なのに、Aくんは秀才だから仕方ないと思わされていたんだ！　これは怒らんといかん！　「おまえなんかと絶対に友だちになんかなってやるか！」と怒らないといけないことだ、と。

2　わたしたちも『リュウの道』の世界に住んでいる

最近、『リュウの道』のことを思い出し、そのときに感じた怒りを新たにしたのは、天皇の代替わり・元号の交代がきっかけでした。そのとき、日本の人たちの姿が、白い象牙の塔の村の人びとの姿と重なったからです。

ちょっと考えればわかるじゃないですか。なんで、あいつが天皇で、わたしが天皇じゃないの？　なんで、あいつが天皇で、釜ヶ崎で「『令和』という時代は『冷たい和』」と感じている人が天皇じゃないのか？　そういう意味で、まず怒りがあってこそ、ものごとが見えてくると思います。

天皇には政治的権能がない。明治以来天皇がもっていた大権から、いろんな引き算をして象徴だけが残った。象徴以外の権能をもたない人が、なんで日本国の象徴になって、支持を集めているのか？　ここに絶望がありました。

リュウには聞こえないのに、ほかの九九パーセントの人は歩いていってしまった。わたしたちは、その音楽を聞いてただ歩いていく以外に、その社会で生きていく道はないのではないか。いったんはその声に従って歩いてみる。最初は「振り」をして。でも、いつか振りをしていることさえ忘れてしまう。わたしも、そうやって必死にAくんの仲間になろうと、歩いてきたのかもしれません。

この社会のなかでは、怒りを感じること自体が難しいのです。なんで怒れないのか？「怒らない」という教育を受けてしまっている。怒りを感じることの権利を奪われている。象徴なんだから従ってくれ、先生なんだから、国民なんだから……。そうではなく、「オレは遠藤なんだから」を、憲法論にしてみないといけない。

そういった憲法論を、怒りから出発して、冷徹な理論と実践にまで鍛え上げてきた人びとが、沖縄の基地反対闘争を闘ってきた人たちであり、「日の丸・君が代」に逆らって処分された教師たちなのだと思います。

それらの方々の営みから立ち上がる憲法論を、「国家とは何か」という枠組みで受け止め、そこから学ぼうというのが第1講です。

3　沖縄からの憲法論＝国家とは何か

沖縄県名護市辺野古崎。世界でも有数な珊瑚の生息地です。

二〇一九年二月の県民投票で、辺野古崎沖にアメリカ合衆国軍（海兵隊空挺部隊）基地を建設することに反対するとの民意が示されました。にもかかわらず、日本国は、国家主権の名において建設を続行しようとしています。

二〇一八年八月に他界した、翁長雄志沖縄県知事は全世界に対し、次のようなメッセージを遺しています。


日本の国土の、わずか〇・六％しか占めていない沖縄に、七三・八％もの米軍専用施設が集中しているのです。敗戦後、**沖縄は本土と切り離されて米軍の直接統治**のもとに置かれ、基地のための強制接収をはじめ、県民は苦難の道のりを強いられてきました。その沖縄の負担を軽減するのではなく、さらに新しい基地を押し付けようとしているのが**現在の**

> **日本政府の姿勢**です。（中略）
>
> **国際社会には**、子や孫のために自分の全存在をかけて座り込んでいる沖縄のおじいちゃん、おばあちゃんが機動隊に引っこ抜かれているところ、それでも毎日、座り込みを続けている姿を、**ぜひ見てほしい**。（中略）
>
> **選挙を含めた政治でのたたかい**、**これからの法廷闘争**、**そして県民の方々の現地での頑張り**、この三つのたたかいのすべてにおいて、どれも長期戦になっていくと思いますが、どこまでも「オール沖縄」で着実に成果をあげていくことだと思っています。（中略）
>
> ある自民党の幹部と話していた時、日米安保を肯定する私との間で、「なんだ、あなたと私で何も考えが変わらないじゃないか」と言われました。しかし、私はこう申し上げました。「あなたの防衛論には沖縄県民の存在がまったく欠落している。**ただの領土としか考えていない**」、と。（『世界』二〇一六年一月号七〇－七四頁。強調は引用者）

このときの県民投票は、ここに言われている翁長知事の遺言が、沖縄の民意であることを示しました。これに対し、安倍晋三政権（当時）は、普天間飛行場の返還合意を実現するためには早急に建設をしなければならないと反論しました。国家が地方公共団体に優越する以上、沖縄の民意が踏みにじられても仕方がないのでしょうか。

そうではないと思います。

翁長知事の問いは、単なる基地負担の平等の問題であるばかりでなく、「国家とは何か」を正面から問うているからです。安倍政権は、「国家とは何か、沖縄も国家の一部ではないのですか」という問いかけに対し、わたしが国家だと、答えているにすぎません。

たしかに、総理大臣や内閣は、不可欠な国家の機関ですが、基地建設に反対している沖縄県民の一人ひとりもまた、国家の不可欠な一部ではないのでしょうか。そのことをきちんと理解しなければ、我々もまた、「ただの領土としか考えていない」というそしりを免れることはできません。

4 国家論の抹殺

日本国憲法は、日本と呼ばれる国家の構造（コンスティテューション）を規定する基本法です。「主権や領土も国民も、国家があってはじめて存在しうる」と説明されています。しかし、ほとんどの憲法学においては「国家とは」という問題自体が抹消され、ある組織を国家とみるのは我々であって、国家はその背後にある観点的存在にすぎないと主張されています（長谷部『憲法第七版』四頁）。

長谷部恭男だけでなく、日本国憲法についての概説書、教科書は、ほとんど例外なく、国家の考察を省略し、いきなり「憲法とは何か」という問題提起からはじめているのです。日本の憲法学にその知的源泉を供給してきた、ドイツ国法学の泰斗ハンス・ケルゼンやカール・シュミットによって、国家論は放逐されていました。

ケルゼンは、国家は法的組織体、法秩序そのものであるとし、法秩序の考察を離れた国家自体についての考察を不要だとしました。シュミットもまた、戦争という例外状態において友か敵か（敵とは殲滅すべきもの）という政治的決断を下す主権者（民族）を措定することで、国家自体の考察を退けたのです。

しかし、国家の構造を規定し、国家という統治団体の存在を基礎づける憲法の考察において、「国家とは何か」という問題を、ほんとうに省略してしまってよいものでしょうか。

なんで国家論がなくなってしまったのか。いま、あらためて問う必要があります。それは国家論である国家法人説が抹殺されたからです。抹殺されたのは一九三五年です。なぜ抹殺されたかというと、「国体に反し不敬だ」「とんでもない学説だ」となったからです。発禁処分になって、告発されました。

美濃部達吉の弟子である東京帝国大学教授の宮澤俊義という人が、国家法人説あるいは天皇機関説を教えようとしました。そうしたら文部省が調査に入って、宮澤は国家論の部分を憲法講義から削除したのです(1)。

国家法人説あるいは天皇機関説は、国家は会社のような法人、天皇は一つの機関であると考えます。一人ひとりも機関。上下はあるけども、みんな一つの機関。憲法を作った以上は、憲法をもちいて天皇が統治する、国家の最高の法は法律です。「法律を作るのは国会だ」と。美濃部は帝国議会ではなく、国会という言葉を使いました。貴族院と衆議院という国会。だから、国会が憲法の優先的解釈権をもつ。そして、国民が衆議院議員の選挙を通じて参与する。これが大日本帝国憲法の解釈。天皇機関説と呼ばれていた説です。しかし、この国家論が抹殺されたのです。

アマテラスオオミカミの孫のニニギが、「行け」といわれて瑞穂の国に降りてきた。そして、神武天皇が橿原で即位した。「万世一系の天皇が統治するのが日本の国体だ」と言っているのに、「天皇は国家の一機関であり、天皇も巡査も同じ機関だ」、そして、「憲法の解釈権は国会だ、国民だ」と言う。

「ふざけとんな、こいつは」ということになっちゃったんですね。

明治期、日本という国家が設計される際に、イギリスやフランスやドイツといった西洋の国家はキリスト教という宗教を機軸にしていると考えました。それがあってはじめて国家は動いたと意識されたのです。日本でも、キリスト教に代わる機軸となるものが必要だということになりました。

どうしようか？　仏教にしようか？　神道にしようか？　儒教にしようか？

村落には共同の精神、つまり、「いっしょにお祭りしましょう」とか、「助けあいましょう」とか、そういうものは残っているけれど、国家を支えるような道徳や宗教は日本にはありません。そこで、国家権力そのものを機軸にしてしまおうということになったのです（丸山『日本の思想』二八頁以下）。

一八八八年、明治憲法が制定される前の年、天皇の前で会議（枢密院）が開かれたときに、伊藤博文が言ったことです。天皇の前で、機軸が必要だ、その機軸は天皇＝皇室だと。

国家法人説、天皇機関説は、これに負けました。美濃部達吉は、天皇も交番の巡査も国家の機関だと言って、国家というシステムを合理化しようとした。しかし、天皇を利用する人たちは機軸が大事だと考えていた。機軸の中心には、教育勅語があった。

美濃部が不敬罪で、特高検事の取調べを受けたとき、特高検事は、美濃部の弱点を突いた。「貴方の学説では、詔勅を批判することが許されるのか」と罠を掛けた。美濃部は当然、「はい」と応答する。「あなたたちは私の本で勉強したことはないのか」と。

特高検事は、「美濃部さん、ではあなたは詔勅の一つでもある、教育勅語の批判を許すのですか」、こう切り返したわけです。美濃部は、最初、「うん」と言ったそうです。ところが、昼食を食べた後、青くなって、それを撤回した。(2) なぜか。教育勅語を批判するというのは、不敬罪を自白したようなものだからです。

美濃部国家法人説、天皇機関説には、アマテラスとか神武天皇とか万世一系という神話の話はありません。しかし、天皇の命令である詔勅のなかには、国家神道の聖典ともいえるもの、教育勅語が入っています。これら二つが衝突したとき、前者は敗れ去る宿命でした。

5　ナチズム国家と対峙したヘラーの国家論

それでは、戦後の憲法学において、国家論はすべてなくなってしまったのでしょうか。(3) ここで注目すべきは、芦部信喜の教科書にある次のような説明です。

一定の限定された地域（領土）を基礎として、その地域に定住する人間が、強制力をもつ統治権のもとに法的に組織されるようになった社会を国家と呼ぶ。（『憲法新版補訂版』三頁）

芦部はそれ以上説明を加えていませんが、国家を「法的に組織されるようになった社会」と定義したのは、一九三三年、ドイツでヒトラーが政権掌握する年に逝去した、ユダヤ系ドイツ人国法学者ヘルマン・ヘラーでした。

ヘラーは、ケルゼンやシュミットのように「国家とは何か」という問いを放擲するなら、我々一人ひとりに対し生命と財産の最高の犠牲を要求してくる国家に対し、その正当性の限界を問うことができなくなってしまうと、警告を発していました。

ヘラーによれば、国家権力がその他のすべての形態の政治権力と区別されるのは、国家権力こそが、国家機関によって定立され確保される法秩序を自由に使用することができるからです。

しかし、それは正当な権力でなくてはなりません(4)。

国家の正当化は、「国民は、何故に国家に生命と財産との最高の犠牲を捧げなくてはならないのか」という問題です。こうした自発的な犠牲があり、そのうえで、強制が受動的に堪えられていることによって、はじめて国家は成立し存続します。

なぜなら、権力はもっぱら命令が遵守されることによってのみ成立するのであり、さらに、命令が遵守されるのは、いつも、その命令の正当性が信じられている場合に限られるからです。

ここで正当な法というとき、それは、実定的法規を基礎づける倫理的法原則に合致しているという意味です。倫理的法原則とは、実定法を支え、その解釈の指針となる原則であって、社会の礎となっているものです。実定法である憲法が法の下の平等を規定しているとして、その平等は男性における普通選挙を要請するだけなのか、男女平等も含むのか、あるいは、政治的平等だけが問題なのか、一定の社会的平等（とくに差別の解消）も要請されているかは、その時代の社会の礎たる倫理的法原則によって決まるというのが、ヘラーの考えでした。

しかし、倫理的法原則には、内容の確定、執行の確実性という意味での法的安定性が欠けています。内容の確定と確実な執行を保証するためには、具体的状況のなかで何が正しいかを表明し、それを実現する権力の存在が不可欠です。この権力こそ、「法的に組織されるようになった社会」という意味での国家なのです。

近代国家においては、倫理的法原則と法的安定性とのあいだに必然的な葛藤が生じます。倫理的法原則に体現されている正義を保証することができるのは永遠にただ個々人の法的良心のみですが、個々人の法的良心は一致しないからです。

この葛藤において、国家権力が倫理的抵抗による挑戦を受けることは正しいことだとヘラーは考えました。しかし、ヘラーの時代である一九三三年に、いかなる意味でもそのような抵抗は絶望的でした。

安倍政権が言い募った国家主権に対する抵抗も同様なのでしょうか。

辺野古崎沖を埋め立てるには、沖縄県知事の公有水面埋立てに対する承認が必要です。仲井真知事が承認しましたが、翁長知事が取り消し（違法だからはじめからまちがっていた）、玉城デニー現知事が撤回（後の事情でやめざるをえない）処分をしました。しかし、安部政権下の沖縄防衛局は、中断せずに工事を続行してきました。地方自治法の国・地方公共団体の制度では、工事はいったん停止せざるをえないしくみになっています。にもかかわらず、なぜこのようなことが可能だったのでしょうか。

それは、沖縄防衛局が実定法に反して工事を続行させたからです。知事の承認取消や撤回に対し、市民が不服を申し立てるための審査請求という手続きを防衛局が使い、執行停止を申立てしました。審査をし、執行停止を決めるのは、国土交通大臣です。予想されたとおりに、国土交通大臣は、取消や撤回の執行停止（つまり、工事続行の許可）を間髪いれずに下しました。しかし、このやり方は、行政不服審査法という実定法のしくみに反し、法治国家にもとるものであることが行政法学者によって確認されています（行政法研究者有志一同『世界』二〇一六年一月号一〇〇頁）。

ここで重要なのが、ヘラーが「法的に組織されるようになった社会」である国家について、次のような分析をおこなっていたことだと思います。

国家権力は、その中に入れられた個々の力の総計でも、また単純な増大でもなく、対外関係および対内関係の中で、政治的に重要な作用および反作用のすべての合成力（Resultante）だからである。大まかに、これらの共同活動（ヴィルクング）には、（中略）動態的（dynamisch）に変化するもの（グレーゼ）として、三つのグループが区別される。（中略）国家権力を積極的に実現する権力核（Machtkern）、これを支える支持者（mitläufer）、および消極的に関与する反対者である。（ヘラー『国家学』三四七頁）

権力核とその支持者だけが国家ではなく、それに反対するものも、国家の不可欠な一部なのです。翁長知事のいう「オール沖縄」の闘いは、日本国憲法が規定する倫理的法原則である基本的人権（人類の多年にわたる自由獲得の努力の成果であって、（中略）過去幾多の試練に堪へ、現在及び将来の国民に対し、侵すことのできない永久の権利として信託されたもの〔憲法九七条〕）に国家権力を適合させるための不可欠な闘いだったのです。

6　人事委員会における憲法論争

元・高槻市立小学校教員の山田肇は、二〇一二年三月一九日の卒業式で「君が代」を立って歌えという職務命令を出されたのに対し、「教え子を戦場に送らない」という立場と「子どもたちに何が正しいか自分の頭で考えるように」と言ってきた教師としての良心から、不起立・不斉唱を貫きました。それで、戒告処分と再任用取消を受け、その撤回を求めて人事委員会の審査を受けました。二〇一三年一〇月二五日の第三回口頭審理の際、今日のテーマから考えてとても重要な発言をしています。

わたしは五年前に「山田さんを支える会」に呼ばれて講演したときに、「山田先生が人事委員会で筒井弁護士と闘われたのはほんとうの憲法論争ですよ」と言ったことがあります。山田肇が大阪府人事委員会の口頭審理で、府教委の代理人の筒井豊弁護士とやりとりしていた論争が、なぜ「憲法論争」なのか。まず、そのやりとりを見てみましょう。

筒井　あなたの陳述書とかご主張を見ると、あなたが校長の職務命令に従わなかった理由というのは、端的に言えば、校長の職務命令が憲法に違反しているというお考えからですか。

山田　はい、そうです。
筒井　それはあなたの個人的な見解ではないんですか。
山田　どういう意味ですか。
筒井　憲法に違反しているという判断が、あなたの個人的な見解ではないかということなんです。
山田　どういう意味で言われているんですか。
筒井　あなたがそう判断しているということなんでしょう。
山田　もちろん僕は判断していますよ。
筒井　職務命令が憲法に違反していると。
山田　違反していると思います。
筒井　思っているわけでしょう。
山田　はい。思想・良心の自由ということだと思います。
筒井　ただ、それは先ほども言いましたけど、あなたの個人的な見解ですね。
山田　なぜ、そこで個人的ということを言われるんですか。
筒井　あなた個人の見解でしょう。
山田　後ろにいてる（傍聴席にいる）人もみんなそう思っているかもしれませんよ。
筒井　いやいや、あなた一人だとは言っていないですよ。あなた個人の見解じゃないかと聞いているんです。
山田　筒井さんは違うんですか。筒井さんの見解はちがう……。
筒井　私に質問するんじゃなしに、ここはあなたが答える場です。
山田　（略）それはみんなそれぞれ個人がありますから、それぞれいろんな見解があると思うし、それが憲法に違反していないと考えられる方もあるというのはわかっています。
筒井　職務命令を受けられた当時、あなたは地方公務員であったわけですね。
山田　はい。
筒井　地方公務員であった以上、職務命令に従う義務があったとは思われませんか。
山田　職務命令されているものによります。
筒井　だから、それに従う義務があったとは思わないということなんですか。
山田　それよりも前に、学校現場に職務命令をおろしてくること自身が、僕は間違っているというふうに思います。
筒井　だから、間違っているとかいうこともあるんでしょうが、職務命令に従う義務はなかったというふうにおっしゃっているわけですね。
山田　いえいえ、そうじゃなしに、学校現場に、校長なり上司の命令ということを持ち込んでくること自身が、教育の根本を破壊することだと僕は思います。

筒井　ただ、あなたは当時、地方公務員という立場でもあったわけですからね。
山田　はい、ありましたけど、命令されて教育は成り立たないんですよ。
筒井　教育というよりも、地方公務員としての立場のことなんですけどね。
山田　だから、それは事と次第によります。何でもかんでも従えということでは、ナチス・ヒットラーになりますから。それは僕は従えません。僕は考えたいと思います。

7　倫理的法原則を変えようとする営み

さきほど紹介したように、ヘラーは、ナチスが政権を握っていくときに、「ナチスが国家を動かしはじめたら、えらいことになる」と、抵抗する憲法学を考えた人です。しかし、ナチスが政権を握った一九三三年に亡命先の病院で亡くなってしまいます。

ヘラーは「国家論がなかったらナチスに抵抗できない、そして、国家というのは、いろんな力、権力の集合なんだ」と言った。

政権が国会に法案を提出する。国旗国歌法を作る。そして、文部科学相が学習指導要領に定めた儀式、卒業式、入学式などを国のすみずみまで広げていく。維新の会が権力を握って、大阪府教育委員会、大阪市教育委員会が変わっていく。職務命令を出させて、「君が代」の起立斉唱を強制する。そのあとの国民は選挙以外のときはその支配に従うということになってしまっている。

その職務命令に反して、「君が代」不起立で反対の意思を示すこと。この意思表示こそ、国家のもっとも重要な、不可欠な、要素です。それを言った憲法学者がヘラーなのです。

国家は、法によっておこなわれる統治です。近代国家というのは、法というものを手段にしていろんなことをおこなう。「日の丸」を国旗にするという法律をつくる。その法を支えるのが単なる多数決であったら、法はその社会を組織できない。その社会が一つの組織となるためには、各個人の法的良心によって、その法が支えられていなければならない。

そして、その法が支えられるしくみで、もっとも大事なのは、法を支えている個人がいきなり法に結びついているのではなくて、法と個人の良心のあいだには倫理的法原則がある、ということです。

ヘラーが考えた法原則は、平等です。再雇用されるとき、そもそも基準がないとおかしいんじゃない？　酔っ払って生徒を殴った先生は再雇用されて、しかし、「なんで私は再雇用されないのか」というときに、基準がなくてはならない。

しかもその基準自身が実質的な平等に反してはいけない。平等という憲法一四条の言葉が意味をもつのは、その社会のなかでおこなわれている、なんらかの法原則によって支えられているからです。

たとえば、普通選挙も、ある時代は女性が入っていなくても普通選挙という言葉を使ってしまっている。ですから、その時代の法原則を変えていこうという営み、現在でいえば、「ヘイト・スピーチは表現の自由で保護されるべきだ」という社会から、だんだん、「ヘイト・スピーチは人間の尊厳を守るために規制しなきゃいけない」という社会に変えていくための営みが大切です。ヘイト・スピーチは、「子どもの前で侮辱されない権利」という意味での人間の尊厳をこわし、人を傷つける傷害と同じなんだという法原則に変えていく（金『差別表現の法的規制』二〇四頁、遠藤『法律時報』九〇巻一一号一一四頁、Waldron "The Harm in Hate Speech", p. 84）。

その法原則は何によって支えられているか、もうわかりますよね。

個人の良心です。

ですから、個人の良心にもとづいて法に抵抗する人は、法原則を変えようとしているのです。良心にもとづいて法に抵抗する人は、この国家を支えている力、ベクトルの重要な一部なんです。

国家論とは、我々の社会をどういうふうに変えていくかという、もっとも重要なことを考えることなんです。権力核を担い、それを支持する人たちがいなかったら、国家として編成されません。権力が交代するという意味での民主主義も大事です。しかし、それと同じくらい、あるいはそれよりもっと大事なのは、「それ、おかしいでしょ」という「個人的な見解」＝個人の良心にもとづく反対なのではないでしょうか。これこそが法を支えているんだと思います。

そういう意味で、教師・山田肇が提起した「憲法論争」は、我々の市民社会に対して根幹的であり、国家とは何かを問うているとわたしは思います。
みなさんはどう思われるでしょうか。

閑話休題《それはさておき》 *1* 抵抗権論の悩み――ヘルマン・ヘラーと宮澤俊義

前著『人権という幻――対話と尊厳の憲法学』には、各章の末尾に、「閑話休題」というタイトルで五つの文章が載せられています。刊行後、読者の方から、本文の後に「閑話休題」をつけるのは順序が違うのではないかという指摘を受けました。「閑話休題」とは、「それはさておき本題に戻れば」という意味ですから、文法的にはたしかにそのとおりです。

しかし、前著は、従来憲法学として扱われてこなかったエピソードを本文で述べる一方、エピソードが従来の憲法学を含めた学問とどうかかわるのかの弁明を「閑話休題」として述べています。学問的見地からみて、本文が「挿話」であり、「閑話休題」が本論だという、逆さまの構成だったのです。

本書のうち、第6講と第7講は書き下ろしですが、序で申し上げたように、第1講から第5講までは講演として語られたものでした。聴く市民の魂にとどくようにと、エピソード中心になっています。学問的、憲法訴訟論的説明が必要です。そこで本書でも、前著と同じ趣旨で、第1講から第5講の末尾に「閑話休題」を付させていただくことにします。読者のご海容を乞う次第です。

＊　＊　＊

本文で述べたように、国家を「法的に組織されるようになった社会」と定義したヘラーは、「何故に、国家に生命と財産との最高の犠牲を捧げなくてはならないのか」という問題を、国家の正当化の問題として定式化しました。国家は、実定的法規を基礎づける倫理的法原則（正義、平等）に合致しているとき正当だとされますが、倫理的法原則には、内容の確定、執行の確実性という意味での法的安定性が欠けています。内容の確定と確実な執行が保証されるためには、具体的状況のなかで何が正しいかを表明し、それを実現する権力の存在が不可欠です。この権力こそ、「法的に組織されるようになった社会」という意味での国家です。

ヘラーの国家論の革新的な点は、この帰結を、解決不能の矛盾にいたるまで貫いている点です。近代国家においては、法の土台となるはずの倫理的法原則と法的安定性とのあいだに必然的な葛藤が生じます。倫理的法原則は、永遠にただ個々人の法的良心（Rechtsgewissen）のみによって保証されますが、個々人の法的良心は一致しないからです。この矛盾をヘラーは正面から見据えていました。

ヘラーの国家論は、第二次世界大戦後の社会では、ドイツよりも英米法社会で理解者を見出したようです。一九九七年にカナダで刊行された『合法性と正当性』（邦訳は二〇二〇年）において、デイヴィッド・ダイゼンハウスは、ヘラーの国家論を次のように紹介しています。

合法性の道徳的側面、つまり法秩序の正当性は、その法が法的良心という合理的限界を超える地点まではその法に従う用意があることを市民たちに示すと同時に、個々の法およびすべての法を評価する自らの権利を擁護する市民によって承認されるものである。しかしその地点にはその法への単なる不同意は含まないことになる。抵抗する倫理的権利は法的良心（regak conscience＝ママ）——法秩序の倫理的目標が蝕まれているという市民の感覚——の一つの権利である。（中略）

倫理的正当化理由の保証は、制度または憲法が与えることはできず、むしろヘラーが個人の法的良心と呼ぶものだけが与えることができる。

ヘラーは、その法的良心の倫理的抵抗権が重要であるが一切の法的承認を持たないものであることを民主制的法治国家の必然的な逆説と捉えた。これは、彼の『国家論』の中で彼にとって正念場であるが、何よりも曖昧さを孕んでいるものである。（同邦訳三二四—三二五頁）。

ダイゼンハウスの著書の扉書きには、「一九四〇年にバルミリ（ワルシャワ）にてドイツ警察によって殺されたポーランド系ユダヤ人の弁護士ルドヴィク・ダイゼンハウス　私の祖父を記念して」という献辞があります。この献辞から、倫理的抵抗権の重要性と法的承認の欠如という逆説が、ダイゼンハウスにとり、国家論の正念場となる理由がわかります。逆説は、まさに彼の祖父がおかれていた窮境だったからです。

この逆説を明らかにしたヘラーを、タイゼンハウスは高く評価します。法の内部の対立の可能性を正面から理解する場合にのみ、人は、このような状況における市民のジレンマを正当に評価できるからです。

法的確実性は一つの価値にすぎず、正義の実質的価値と折り合いをつけなければなりませんが、それはとりもなおさず、一つの法的義務の道徳的重要性をもう一つのそのような義務と比較検討することです。ダイゼンハウスは、結局、その対立は各個人の正義の感覚にもとづく決定によってのみ解決されうる、と結論づけました（同邦訳三三二頁）。

＊　＊　＊

ダイゼンハウスのヘラーの分析・評価を読んでいて、わたしは、ある既視感をもたざるをえませんでした。戦後憲法学の土台を築いた、宮澤俊義『憲法Ⅱ新版』「抵抗権についてのあとがき」（一七二－一七六頁）で、まったく同様の論理が展開されていたからです。

宮澤は、抵抗権について次のように問題を整理します。

個人の尊厳から出発するかぎり、どうしても抵抗権をみとめないわけにはいかない。抵抗権をみとめないことは、国家権力に対する絶対的服従を求めることであり、奴隷の人民を作ろうとすることである。しかし、(中略)その根拠は、実定法以外のところ――自然法ないし道徳則――に求められなくてはならない。(同書一七三頁)

人権宣言の担保を最終的には抵抗権に求めざるをえなかった宮澤が、実定法上の解釈として、抵抗権を正当化できないと知ったとき、どのような解決を図ったのでしょうか。それが、次の一節です。

結局のところ、問題は、さきにのべたように、各個人が、具体的な場合について、対決し、解決するよりしかたがないもののようである。個々に提起された具体的な問題に直面した各人が、まったく個人的に、もっぱら彼みずからの全責任において、それに対する答えを決定しなくてはならないもののようである。(同書一七五頁)

ダイゼンハウスのヘラー理解と、みごとに合致しているではありませんか。

宮澤は、そこで立ち止まりました。「神の前にひたすらにひれふすことをやめて、自主的にものを考えようなどという思いあがりにとりつかれた近代人は、かような懐疑からついに解放されることのない宿命を負っているのであろうか」（同書一七六頁）。

しかし、ヘラーはそこで立ち止まりませんでした。彼は、個人の良心にもとづく決定の問題を主権論として考え抜いたのです。ヘラーは、主権の本質を、国民の代表に決断を委ねることではなく、すべての「領域居住者」にみずからの自己保存に不可欠な最小限度の秩序の存続のための決定を義務づけることにある、としたのです（ヘラー『主権論』九〇—九四頁）。「民族の栄光」ではなく、「領域居住者」の自己保存に不可欠な最小限度の秩序の存続を、国家の本質とみたためです。

民族や国籍保持者ではなく、「領域居住者」の個々の決定の総和（人間のなす多数の社会的行為の弁証法的な調整）が主権的決定であるとの主張があってこそ、反対勢力も含めた作用の総和が国家であるという、第1講本文で述べた命題が出てきます。

ヘラーの国家論を出発点とする本書は、「領域居住者」のうち、権力核とその支持者ではなく、権力核から排除される人びとの個人的良心にもとづく決定を憲法論の基礎においています。良心が実定法と衝突するのは、後者であるというのが理由です。

＊　＊　＊

注

(1) ここにいたる事情については、文部省思想局(秘密文書)『各大学に於ける憲法学説調査に関する文書』に詳細な描写がある。まず、極秘リストとして、「憲法関係著書にして発禁、改訂、絶版となりたる著書」が掲載され、リスト中に、一九三四年度の講議案である、宮澤俊義『憲法講義案』(昭和九年度プリント)が挙げられている。つづいて、「学説調査リスト」の筆頭に「東大宮澤俊義」の項目があり、『憲法講義案』などからの引用文が掲載されている。そこでは、「要注意箇所」が特定され、「一、天皇を機関とすること」の他に、「三、副署の拒否」の題のもと、「大権行為が不当である時それに副署することを拒絶出来ないとすれば副署の意味がないわけである」との記述が引用されている。さらに注目すべきは、一九三五年一一月一八日に東大当局からの文部省に対する口頭報告の内容が、「東大宮澤、野村両教授の学説並大学の方針に関する件」(一一月一九日局長口授)で次の通り記録されていることである。「尚宮澤教授に付ては既に発の文部大臣の訓令ありたるとき之に基き教授は従来の講義案を変更し訓令の趣旨に副ふ様努めたり従て本年四月以降の憲法講義は右の改めたる講議案に依り講義し居る状況なり」。

実際宮澤は、『憲法講義案』第一章序説の第一節国家、第二節国家機関、第三節国家形態(政体)、第四節憲法のうち、第一節から第三節を全面削除し、第一節を憲法とする講義案を発行している。なお、削除後の講議案第一節憲法の中で、国家に触れているのは、次の箇所のみである。「法の定立・執行が一定の整序せられた組織をもち、強制行為が組織せられた専門家の手に原則として独占せられている法社会、すなわち統治組織をもつ法社会が国家である。国家という法社会に伴う法秩序を国家法と呼ぶ」宮澤『憲法講義案』二頁。芦部教科書はこの記述を引き継いだものと思われる。

(2) 美濃部『苦悶するデモクラシー』八六頁以下(宮澤『天皇機関説事件』一一九頁以下)は、このときの経緯について以下のとおり記している。「調べはまず、父の憲法理論の説明から始まった。父は詳細に、その憲法理論を説明した。前にも述べたように、父の理論からいえば、国民は詔勅を批判してもよろしいということになる。詔勅のうち文書で書かれたものが詔書であり、口頭で述べられたものが勅語なのであるから、勅語も批判して差支えないということになる。父も、著書においては、明白にそう書いてはいないけれども、そう考えていたことは疑い得ない。戸沢検事の言によれば、父に一応その憲法理論の説明をさせておいて、――恐らくは詔勅は批判してもよいという結論になるように、誘導的に理論を展開させたのであろう――さてその上で、政治、経済、外交等に関する詔勅を批判しても差支えないのかと質問した。父は勿論イエスと答えた。戸沢検事は重ねて、『しかし、勅語ことに教育勅語は批判してはいけないという説がありますが、それについてはどう思いますか』と尋ねた。父は言下に、『それは単なる俗説にすぎません』といい切った。ここで昼飯になり、父は好物の鰻どんぶりを注文したそうである。戸沢検事の言によれば、午後の調べが始まる前に、父はすこぶる苦渋の色を浮べながら、顔面を紅潮させて、『午前に言ったことで誤りがあったから訂正したい、教育勅語は批判してよいといいましたがあれは誤りで、実際は批判してはいけないものなのです』といったということである」。

(3) 国家法人説は、行政に対する人間の関係を服従だけではなく、権利関係と捉える点で、その後の行政法学の展開にとって重要であった(小早川『行政法・上』一三五頁)。

(4) ヘラー『国家学』は結論部分で、次のように述べる。「ある憲法の正当性の問題は、もとより、その憲法が以前効力を有していた何かある実定法規に基づいて成立したことを指示することでは解答されえないのである。むしろ、憲法たるものは、それが、憲法、すなわち、最高に不安定な事実的な威力(ユーバマハト)関係以上のものであろうとするならば、つまり、正当(レシトメーシヒ)な秩序として効力を持とうとするならば、倫理的法原則に基づく正当化を必要とするのである」(同書三九八頁)。

第2講　平和とは何かを問う

第1講では、「国家とは何か」を、ヘラーの国家論を基軸に据えて分析してみました。残念ながらヘラーは、国家論を具体的な個々の問題へ展開しないまま、亡命先の病院で他界しました。第2講から第4講では、現在の日本という状況において、ヘラーの国家論がもつ意味を考えたいと思います。はじめに、もういちど、彼の国家論の中核部分を繰り返して引用します。

国家権力は、その中に入れられた個々の力の総計でも、また単純な増大でもなく、対外関係および対内関係の中で、政治的に重要な作用および反作用のすべての合成力である。これらの共同活動には、動態的に変化するものとして、三つのグループが区別される。国家権力を積極的に実現する権力核、これを支える支持者、および消極的に関与する反対者である。(ヘラー『国家学』三四七頁)

国家の対外関係のなかで、もっとも重要なのは、言うまでもなく戦争と平和の問題です。ですから、国家論が展開されるべき最初の問題は戦争と平和の問題であると思います(1)(本講のテーマ)。

国家のなかで区別される三つのグループは、国民国家では国民と呼ばれています。ヘラー国家論の世界では、国民はどのように位置づけられるのかを考えてみる必要があります(第3講のテーマ)。

最後に、象徴についてです。ヘラーは、すべての方向に向かう力の合成力を国家権力のイメージの説明に使っています。しかし歴史的にみれば、反対を許さない、一方向への統合こそが国家権力のイメージでした。その際、人間を含めた、国家の象徴が統合のために重要な役割をはたしてきました。反対を含めた合成力というイメージを維持するためには、国家象徴の無力化・無害化をどうおこなうかというのが、最後の、そしてもっとも重要な憲法学の課題となります(第4講のテーマ)。

1 戦争の違法化と軍事化(war potential)の禁止

戦争と平和とは何かを考えるとき、憲法前文の「全世界の国民が平和のうちに生存する権利」を思い浮かべます。それを法規範として具体化するのが、戦争の放棄と交戦権の否認および戦力不保持を規定した日本国憲法九条であることはいうまでもありません(2)。

ローマ法学者の木庭顕によれば、憲法九条の意義は、戦争の違法化を実効的にするために、他から見て脅威になるような軍事化(war potential)を内側に達成してはならないという原則を、法規範として示したことだといいます(3)。

いままで、憲法九条の「その他の戦力」という言葉が、「それには自衛力は含まれない」というように、解釈の曖昧性の梃子《てこ》になっていました。木庭の解釈は、憲法九条の英文（官報で正式に交付されていますから、英訳ではなく英文と呼ぶべきだと思います）の「その他の戦力」に該当する言葉＝war potential に対し、美濃部達吉の字義どおりの解釈(4)（航空機も軍事転用が可能ならば禁止される）以来およそ解釈的営みがなされてこなかったことを乗り越え、規範としての基本構造を明らかにしようとする試みだと思います。

木庭は、九条の規範構造を国際法上の自衛権ではなく、ローマ法における占有の保障という概念で捉え、現実の占有状態より外に防御線を設けることを拒否することだとします。占有状態の外にもう一つの防御線をもうけることで軍事的危険に陥ることを見抜いていたのは、キケロでした。そこで木庭は、war potential を、キケロとその同時代の法学者が捉えたローマ法の概念である vis armata（火の玉）の系譜に位置づけようとします。キケロは、全体の溶鉱炉が火の玉のようになった場合、つまり総力戦軍事体制になった場合、他との関係を俟たず自足的一義的に違法であるという考え方を示していました。

日本国憲法九条も、あらかじめ vis armata を形成し維持し待ち受けることはしないという構造をもつというのです。たしかに、達意な解釈だと思います。

ただ問題なのは、木庭もいうように、火の玉に対する火の玉による対抗を認めない規律は、国際連合のごとき機関の実効的な介入があってはじめて存在可能になることです。すなわち、憲法九条は、国連が制裁措置をとるまで、侵略を耐え忍ぶという前提をもっていることです(5)。

現在の国際情勢にかんがみるとき、この前提はまったく事実に反するどころか、いま、この主張を維持すること自体が、政治的に無責任の誇りをまぬかれない状況でもあります。個別的か集団的か、いずれにせよ自衛権を目的とする軍隊を容認せざるをえないことが、抵抗しがたい事実の力を示しています。しかし、個別的自衛権の行使を目的とする軍隊あるいは集団的自衛権を目的とする軍隊を容認することが、ほんとうに真実と直面することなのでしょうか。

2　個人の戦争責任からの出発

そう結論づけるまえに、日本国憲法九条が「全世界の国民が平和のうちに生存する権利」を具体化する側面をもつほかに、もう一つの側面があることを考えるべきだと思います。それは九条を含めた日本国憲法自体が、「政府の行為によって再び戦争の惨禍が起こることのないようにすることを決意」したことにもとづいて、日本国民により制定されたという側面です。「戦争の惨禍」にはもちろん日本国民自身が体験したものも含まれますが、「全世界の国民が平和のうちに生存する権利」とあわせて読むとき、日本の侵略によって生じたアジア諸国への戦争責任の問題と切り離せないことに気づかざるをえません。従来の憲法学の弱さは、この真実に直面してこなかったことにあると思います。

そこで本講では、憲法九条が規定する平和の問題について、日本国民の戦争責任の問題から出発したいと考えます。この問題に示唆を与えてくれるのは、カール・ヤスパースの提言です。彼はドイツ国民の戦争責任について、ナチス＝ヒトラーを許してしまったことに対して、ドイツ国民が責任をはたすことの前提として、一人ひとりの個人が、どのように戦争責任の問題に向き合うのかということから出発しなければならないと、戦後まもない時期に警告していました。

歴史的な反省を通じての民族としての自己照破と、個人の人格的な自己照破とは、別物のように考えられる。けれども前者は後者を経て初めて行なわれるものである。個人が互いに精神的交流を通じて行なうところのものは、それが真実であれば、多数者の全般的な意識となることができ、そうなればそれが民族の自己意識とみなされるようになる。ここにおいてもわれわれは虚構を用いてものごとを考える集団的な考え方に反対する。すべて現実的な変化は個人個人を通して行なわれ、個人のうちに、多数の個人のうちに現われる。
（ヤスパース『われわれの戦争責任について』一七五頁）

3　チング（友）よ＝肝心なときに怒れなかった責任

わたしも、ヤスパースの警告は真実だと考えています。そこで「個人的照破」から出発せざるをえません。戦争遂行責任ということだけに戦争責任を限定するなら、わたしたちの世代に戦争責任はないのかもしれません。しかし、わたしたちには、何が起こったのかを想起しつづける責任があります。これも大事な戦争責任の一つだと思うからです。

チョー・ヨンピルさんという韓国の国民的歌手が「チングヨ」という歌を歌っています。最近では、チョー・ヨンピルさんがソウルからピョンヤンに行って、「最後にみなさん、北の人たちも、南の人たちも一緒に『チングヨ』を歌いましょう」と言って歌っていました。「チングヨ」というのは「友よ」という意味です。この場面を見て、わたしが感動するだけでなく、韓国や朝鮮の人もみんなが心揺さぶられる歌なのだと感じたのです。

韓国の元ハンセン病の患者さんたちが隔離されていた島があります。そこに韓国系イギリス人の金持ちの方が、ロンドン・フィルハーモニーを派遣し、ウラディーミル＝アシュケナージというピアニストとしても有名な音楽家を指揮者として、元患者のみなさんにベートーベンの「運命」を聞いてもらったということがありました。みなさん、じっと熱心に静かに耳を傾けていました。ところが、演奏会の最後に、チョー・ヨンピルさんが登場すると、元患者のみなさんがものすごく喜んだのです。彼が、ロンドン・フィルをバックに「チングヨ」を歌いだすと、静かだった元患者のみなさんも、故郷を思い出して感動して泣いたり、いっしょに歌ったりされていたのです。「この歌は、そういう歌なんだ」と、そのとき思いいたりました。

「おまえの夢は、雲のうえで眠ることだったな。おまえの思い出は、その雲のように流れていく。よろこびも、悲しみも、ともにした俺たち、友達だったじゃないか。明日また会おうと固く約束したのに。おまえはどこへ行ってしまった。懐かしい友よ」。そういう歌詞です。

この歌を聞くと、わたしはなぜか胸が痛むのです。ある機会に聞いて以降ですが、なんで痛むのか、そのときはわかりませんでした。

わたしが三六歳で東北大学を辞める年、一九九六年の八月に、最後のゼミ学生の有志三〇人くらいの学生諸君とソウルを訪問しました。

ゼミの共通テーマは、「従軍慰安婦」の問題でした。いまも問題になりつづけていますが、それを研究している韓国の挺身隊問題研究所の事務局長のユン・ミヒャンさんの講演を聞くために、ソウルを訪問しました。

三〇人の学生のなかには、いろいろな立場の人がいます。いまだったら「失礼なことを聞くなよ」と、危なそうな学生に釘を刺しておきそうですが、当時のわたしはニュートラルであることが大学の先生の立場であると思っていたので、右翼みたいな学生も左翼みたいな学生も、「全部、好きにしろ」みたいなことを言って、いっしょに行きました。

「世界中の軍隊でも同じようなことがあるなかで、なぜ、日本の軍隊だけが問題視されるのか」というようなことを聞く学生が現れ、わたしは「しまった」と思ったのですが、ユン先生は怒らず、「あなたの質問のこの部分については、雑誌のこの部分に載っていて自民党の議員が同じことを言っているが、それは事実にもとづいていないから、この点を勉強してきてください」とていねいに答えられました。

終わってから、ユン事務局長がわたしのところにやってきて、「もうちょっと、ちゃんと教育しなければだめでしょう」と怒られてしまいました。

わたしと三〇名の学生は全州の全北大学校の学生寮に宿泊させてもらい、東北大学と全北大学校で交流会をしました。韓日交流の一環として、全北大学校の憲法学のチョン教授の提案で「歌合戦をしましょう」ということになりました。東北大学学生代表は花澤俊之君でした。彼はその後弁護士になって、東京電力を相手とする原発訴訟の弁護団長をやっています。花澤君が「北国の春」を歌いました。彼は歌がなかなかうまく、「しらかば〜、あおぞら、みな〜みかぜ」と歌ったんです。

次に、全北大学校の李君が「チングヨ」を歌いました。李君の「チングヨ」は、なにか魂に迫ってくる。なにがこんなに違うのだろうか。わたしは、胸が詰まって「はい、歌合戦は全北の勝ち」と言ってしまい、東北大学の学生たちにかなり怒られました。

一晩、李君と韓国の焼酎を飲んで、「『チングヨ』には心を動かされる」と告げると、彼は「遠藤先生、それは『恨（ハン）』ですよ」と言われたのです。

それで、ずっとこの「チングヨ」の歌が気になっていました。あるとき、なんでこの歌がわたしの心に響いたのか、その理由に気がつきました。

わたしは中学二年生のときに転校をしました。そのことをきっかけに、わたしはだんだんと勉強ができる子どもになっていったのですが、ある日の自習時間、監督にきた理科の男性教師が、「遠藤、ちょっと前に出てこい」とわたしを呼んだのです。その教師は右翼的だったので、（わたしはてっきり怒られると思い）目の前で直立していると、突然、教師が「おまえ、なかなか見所あるじゃないか。いろいろ話を聞いたけど、すごいじゃないか。卒業してから俺には会いに来るな」と言うのです。どういうことか最初は意味がわからなかったのですが、「会いに来るな、東大に入るまでは。勉強して東大を受験しろ」ということでした。

クラスメートにはI君という民族名を名乗っている子がいました。このときクラスみんなが黙っているなか、「先生、それ俺にも言ってよ。なんで遠藤だけに言うんだ。おかしいじゃないか。なんで、俺にも言わないの」と、教師に抗議したのです。

教師は、I君にこう言い放ったのです。「I君、そういうことは、まず君のお父さんが、パチンコ店を売ってから言えよ」。そのときの彼の顔をまだ覚えています。でも、彼は負けずに「先生そんなこと言うなよ」と返しました。しかし、そんな無体なことを言われた子どもは、それ以上なんて答えられますか。

彼は抗議したいけど、どう抗議したらいいのかわからなかったのだと思います。そのときわたしは、「なんてこと言うんだ、先生」「今日、俺、帰って、あんたが言ったことを彼のお父さんに言いつけるぞ。馬鹿教師」とは、言うことができませんでした。

わたしが反論したり、「馬鹿な教師は相手にせず、これからはいっしょに頑張ろうな」と言っていたら、私にも「友達」ができたかもしれません。でも、わたしにはなにも言えませんでした。

後日談があります。I君は、わたしと同じ高校に入ったのですが、一年生のとき、レントゲンを撮る健康診断を休みました。わたしもその健康診断を休んだので、休んだ二人だけ健康診断を受けることになりました。二人がレントゲン車のところで出会い、I君がわたしに「やあ、遠藤。おまえ頑張っているか」と言い、「なんとかな」とわたしが答え、逆に「おまえはどうなんだ」と聞くと、I君は「もう、いやだよ。悟りを開いたよ」と言いました。彼は、それからしばらくして、高校を辞めて放浪の旅に出ていきました。

この「チングヨ」の歌詞というのは、悲しいことも苦しいことももともにした友達の歌です。しかし、わたしの場合は、友達を見捨てたというか、友達がいない人生を送ってしまいました。そのときの呪いであるかのように、わたしにはなかなか友達というものができません。

I君の無念の思い。同じようなことが起こったとき、二度とその教師みたいな発言は許すまじという怒り、これがわたしの個人的責任の出発点であるのだと思います。

教師が、なんでこんなことを言っているのか。抗議するのでもなく、なんで教室がシーンとしてしまうような雰囲気が、わたしたちの社会に漂うのか。そのことを知らなければならない、そのために勉強しなければいけない。これがわたしの課題となったのです。

4　一九一〇年の韓国併合条約の無効

その課題が端的に現れるのが、朝鮮民主主義人民共和国との国交回復の問題です。国交回復のためには、侵略責任、韓国併合条約は無効だということを俎上にあげざるをえない。

わたしは一九九三年の秋からケンブリッジ大学へ文部省（当時）の長期派遣研究員として留学していました。同じ留学生に外務省のエリートも何人かいました。そのうちの一人と親しくなって、折りにふれて日本の外交について話を聞きました。

彼は外務省としてあることを悩んでいると言いました。我々が北朝鮮と呼んでいる国＝朝鮮民主主義人民共和国と韓国併合条約の問題をどういうふうに処理するか。韓国は「最初から有効ではなかった」と主張したのに対して、日本は「当初は有効だったけれども、途中で無効になった。領土を喪失したから」と主張した。そういう立場で平行線だったけれど、日韓基本条約はハングルと日本語と英語の三部があって、争いがある場合は英語によるということになっていた。一九一〇年の韓国併合条約の英文では、already void つまり「すでに無効だ」としたんです。だから、日本は「最初は有効だったけれども、途中で無効になった」という立場で解釈し、韓国は「最初から無効だった」という、いわば、両方が自分たちの解釈をできる文言でやりすごした。そういうふうな妥協ができた。

しかし、そのやり方は、共和国には通用しない、と。これが彼の悩みです。なぜ悩みなのかというと、韓国併合条約を無効とすることは外務省の選択肢にはないからです。なぜか？　一九一〇年の条約になんて書いてありますか？　かいつまんで言えば、「韓国皇帝陛下は、その統治権と人民、すべてを日本の皇帝陛下に喜んで差し上げます。日本の皇帝陛下は喜んでそれを受け取ります。そして、三条で地位が保障されるのは、王族とか皇族とか、そういう韓国の貴族は今までの立場を保障してさしあげましょう」という条約です。

それが一九一〇年八月二二日に署名された条約です（ただし、皇帝の署名はありません）。

当時の日本国民は、新しい国が手に入ったと提灯行列を組んで歓びました。それも「韓国のために、大韓帝国の希望で併合してやった」、と。小学校でも特別に機会を設けて教えました。副読本を使い、「ほら、日本書紀に書いてある神功皇后の三韓征伐と同じことだ」と教えた。「神功皇后という人が新羅という国に行って、新羅の王様を降伏させたら、新羅は謝って、自分の国を差し出して、日本にどうかこの国と民をもらってください」という、日本書紀の「三韓征伐」だ、と。しかし、「征伐」というのは、とりもなおさず侵略ですね。(6)

その一九一〇年の韓国併合条約が無効だなんて、外務省は簡単に言えない。

「天皇が『侵略者』になるからですよ。日本国および日本国民の統合の象徴が、侵略者だったらどうなりますか。遠藤さん」と、彼は言いました。

戦後日本のシステムができあがったのは、ポツダム宣言を受諾したときです。八月一五日に、革命が起こったというのが宮澤俊義による八月革命説です。つまり、八月一五日に天皇から日本国民に主権が移った。それに対しては、「いや、マッカーサーに移ったんじゃないのか」という批判がありますけれども。「八月一五日に革命が起こった」という宮澤の学説は、朝鮮（チョソン）の問題には触れていません。

一九一〇年の韓国併合条約が無効かどうか、国際法上、一つの手がかりはカイロ宣言です。領土の問題については、ポツダム宣言の前の一九四三年の段階のカイロ宣言で、中国・イギリス・アメリカが、朝鮮（チョソン）にも触れていて、enslavement（エンスレイブメント）＝「朝鮮は奴隷状態にある朝鮮の国民・人民の独立を達成する」とありますので、カイロ宣言からすればエンスレイブメント、つまり日本の植民地状態は有効とはいえず、奴隷状態にあったということになりそうです。

ただ、連合国がその当時、そこまで踏み込んで朝鮮問題に関心を示していたかどうかは明白ではないので、この二行だけで国際法上の決着がつかないこともたしかです。

だから、日本の国際法学者の多くは、「人道的にはひどかったかもしれないけれど、当初は有効だったんだ、あの時代はもうしょうがないんだ」というのがむしろ多数ではないでしょうか。(7)

日本と韓国の歴史のなかで、植民地支配責任を明確に問うことがなかった。そのことでいまでも苦しみを受けつづけている人びとがいる。そのことを抜きにして、戦争を放棄するのは無責任だとか言う資格があるのでしょうか。

5　個別的自衛権の陥穽

そういったわたしたちの責任の問題を念頭においたうえで、憲法九条の問題を「現実」の視点から見直してみる必要があります。

憲法九条二項の「戦力」禁止規定の解釈として、個別的自衛権行使を容認し、集団的自衛権の行使を憲法上許されないとする見解は、従来の政府統一見解でした。

しかし、政府統一見解が、整合性のある憲法解釈として成立しうるかについては、多大な疑問があります。従来の政府統一見解は、憲法九条二項が「交戦権を否認」していることを説明できないからです。自衛権に訴えて国際法上の戦争状態に入る以上、国際法上の交戦権を行使することが不可欠だからです。この点についての政府統一見解を読んでください。

おわかりにくいかと思うのでありますが、自衛のための交戦権というものをもしお考えくださるなら、つまり限界のある交戦権というふうにお考えくださるなら、それを交戦権と申して一向にかまいません。私は、その本質が違うものは、中身の違うものは、自衛行動権というような名前で唱えるべきものであって、その憲法の禁止している交戦権とは違うというふうに思っておるものですから、そう申し上げたわけですが、自衛権からくる制約のある交戦権だというふうにお考えいただいても、それはけっこうでございます。（一九六九年二月二一日の参議院予算委員会における高辻正巳法制局長官答弁。阪田編著『政府の憲法解釈』四五頁以下）

もともと国際法上の交戦権自体、「自衛権からの制約のある」ものですから、この説明は説明になっていません。

6 集団的自衛権の矛盾

二〇一四年七月一日、集団的自衛権を容認する閣議決定がなされました。「集団的自衛権」という言葉は、「USフォーミュラ」とも呼ばれます。一九四五年にダレス米国務長官が記者会見で発表したアメリカ原案が、ほぼそのまま国連憲章五一条になったからです。

国連憲章に「集団的自衛権」が入ったのは、国連安全保障理事会（安保理）が機能しないと予想されたからでした。憲章上、五大国が拒否権をもちますから、侵略国の判定もできない、共同防衛措置もできないことが懸念されたのです。この事態に備えて、締約国の権利として、個別的な自衛権のほかに「集団的自衛権」が憲章に入ったのです。

しかし、国連憲章で戦争を違法化しても、勝手に「集団的自衛権」によって戦争していたら、なんの意味もありません。第一次世界大戦以降、違法化が進んでいって、「これ以外は違法だ」ということを規定したのが国連憲章五一条だからです。

国連が最終的に判断して、これは侵略だったかどうか判定するという前提があってはじめて、国連憲章で「集団的自衛権」を規定することが、戦争の違法化と矛盾しないということになるはずです。

国連安保理が判断をして措置をとるまで、集団的自衛権が暫定的に行使されるということで矛盾が回避されると考えられました。安全装置は、「国連安保理の決定」なのです。「決定ができないから、集団的自衛権が必要です」と言っているにもかかわらず、できないはずの決定が、集団的自衛権の安全装置なのです。(8)

7 自衛隊の平和維持活動とは

日本も国際連合に加盟している以上は、ＰＫＯ国連平和維持活動に参加して、停戦監視や、当事国の合意があった場合は、自衛隊が世界の平和に役立つ行動をとらなければならないという声があります。

自衛隊が実際にイラクに行き、南スーダンに行き、「日報なんかございません。日報なんてそんなものはありません。ありません、ありません」と言っておいて、突然、四万三千点以上の日報が出てきた。

ジャーナリストが求めた情報公開請求に対し、「ない、ない、ない」と言いつづけていた、わずか二か月後に四万三千点以上も出てきた。いちばん詳しいジャーナリストの分析を要約すると、「なぜ隠していたかというと、それはそこで戦闘が起きているから、その日報を公にすれば自衛隊が帰ってこなければならないから」ということです。「国連と一回約束して行った以上は帰れない。帰れない以上は公にできない」、と。(9)

いまの国連平和維持活動のなかで、自衛隊が合法的にできる活動は限られています。南スーダンの問題は、二つの国が争っているのではなくて、一つの国のなかの大統領派と副大統領派が内戦をしていて、新しい南スーダンという国家を立ち上げようという、そういう話です。そのなかで、反主流派である副大統領派の人たちが、難民と一緒に国連の施設に逃げ込んでくる。日本を含めた各軍隊のところに入り込んでくる。だから、国連軍基地にいる各国の軍隊を政府軍が攻撃してきて、それに対して国連の一部隊が大統領の政府軍に反撃したということがあった。

それを書いた日報が公開されると、日本の自衛隊が南スーダンの政府軍と正面から戦闘するという、国際法上の武力の行使、すなわち、憲法が明確に禁じていて政府も否定しないことを、せざるをえない状況まで追い込まれていることが明白になる。それで、日報は出てこない。「我々は現実を知ったうえで事態をコントロールする」と、現実主義者を自称する人びとが言います。しかし、軍隊のことについて言えば、我々が現実を知って軍隊をコントロールするというのはまったく非現実的なのではないでしょうか。それが、日報事件で明らかになったことです。

8　ハマーショルドの祈り

日本国憲法の戦力不保持、交戦権の否認は、「全世界の人びとが平和のうちに生存する権利」を保障し、「政府の行為によって再び戦争の惨禍」を起こさないことを目的として制定されたことに疑いはありません。しかし、戦火が絶えることなく、戦争の準備こそ平和の礎であるかのように声高に叫ばれる、国内・国際政治のなかで、いまもなお、我々はこの不戦の誓いを維持することができるのでしょうか。

平和的生存権は危殆に瀕しています。

そのような絶望のなかで、我々の希望はどこにあるのでしょうか。

ここでは、戦争違法化を支える祈りについて考えてみたいと思います。

スウェーデン出身の国連事務総長ダグ・ハマーショルドは、一九六〇年七月一三日、ベルギー軍隊による侵略行為に対抗し、コンゴ政府からの軍事援助の要請を受け入れるよう提案するため、国連安保理を召集しました。安保理は徹夜協議の末、事務総長が提案した原則にしたがって事態に対応するための権限を彼に与えました。その原則とは、「国連の軍事行動は、国内のあらゆる政治問題に関しては厳正中立を固持するものである」という内容でした。

国連の援助によって、コンゴは連邦主義にもとづく政治的安定の方向に固まりつつあった矢先、ハマーショルドは戦闘を話し合いで解決するためにカタンガに赴く途中、一九六一年九月一七日、原因不明の飛行機事故で帰らぬ人となりました。(10)休戦は成立しましたが、政治的安定は得られず、ついに一九六四年六月に国連軍は撤退することになりました。(11)困難な状況のなかで、最晩年、彼を捉えていたのは、詩篇の次のような祈りでした。

しかし、私がこれを知ろうと思いめぐらしたとき、これは私にめんどうな仕事のように思われた。私が神の聖所に行って、彼らの最後を悟り得たまではそうであった。まことにあなたは彼らをなめらかな所に置き、彼らを滅びに陥らせる。(詩篇七三章一六―一八節)

暴力により悪をおこなうものをうらやむのではなく、連帯の言葉を紡ぎつづけること。そのための厳正中立を前提とした、話し合いの場を確保するための国連の介入。ハマーショルドの考えた、平和のための闘いの姿です。丸山眞男が一九五〇年の平和問題談話会の「三たび平和について」を振り返りつつ指摘しているように、この姿こそ日本国憲法九条が前提とする国際組織の姿なのではないでしょうか。[12]

朝鮮戦争での国連の大義名分は「地域的安全保障」ということでした。わたしは、「国連の安全保障というのは一般的安全保障だけを意味する」と考えています。もし地域的軍事衝突に対しても制裁を課しうるという立場をとると、国連の立場による行動と、特定の軍事同盟による行動とが区別できなくなる。これは国連の一般的安全保障の精神に反するという考え方です。わたしはいまでも、そう思っています。

閑話休題《それはさておき》 2　立憲主義と平和主義の相克――丸山眞男と清宮四郎

日本国憲法九条の精神は、丸山眞男の画期的論文(丸山「憲法第九条をめぐる若干の考察」『後衛の位置から』所収)の以下の言葉に示されていると思います。

国際法上の伝統的な国家自衛権がたとえ否定されても、この前文の意味における国民的な

生存権は、国際社会における日本国民のいわば基本権として確認されていることを見落してはならない。（同書四八頁）

この憲法九条の精神を解釈論として具体化したのが、日本国憲法についてのもっとも権威ある教科書の一つであった、清宮四郎『憲法I〔第三版〕』でした。清宮は、単に、自衛のための戦争を含めたいっさいの戦争を放棄するという解釈論を提示するだけでなく「永久平和制」という標題のもとに、次のように主張しました。

第九条は、「自衛権」にもとづくものであっても、「戦争」や「武力の行使」はこれを放棄するといい、「戦力」は保持しないといっているのである。そうして、このようにしても、**いなこのようにしてこそ、国民の「安全と生存」が保持できるとしているのである**。したがって、「自衛権」と結びつけて、ただちに自衛戦力および自衛隊を憲法の容認するものとみなすのは、憲法の真意を曲げる論理の飛躍というべきである。（同書一一五頁、強調引用者）

＊　＊　＊

これに対し、同じく憲法学者の長谷部恭男は、清宮のような「自衛力」までも否認する解釈論を、「善き生」の観念を貫くために結果にかかわりなく「絶対的平和主義」を主張することであって、立憲主義に反すると批判しています（長谷部『憲法の理性』一二一―一三頁）。長谷部の批判は、立憲主義を根拠としているだけに、これまでなされた九条解釈批判のうちで、もっとも説得力があるものだと思います。

しかし、清宮の解釈論は、ほんとうに、「善き生」についての観念を結果にかかわりなく貫こうとしたものなのでしょうか。

そうではないと思います。清宮の引用中、太字で示した部分だけからも、そうでないことはわかります。

では、清宮の解釈論の基礎はいったいどこにあるのでしょうか。長谷部の批判に応答するためには、このことを探求しておく必要があるでしょう。

清宮の思想形成過程について、一連の労作を発表しつづけている憲法学者、石川健治によれば、清宮の九条解釈論の基礎は、一九三八年にソウル（当時は「京城」と名づけられていました）にいた清宮が、フーバー『ドイツ史における軍隊と国家』を精読した体験にあるというのです。どういうことでしょうか。石川の文章で見てみましょう（石川「統治のヒストーリク」奥平康弘・樋口陽一編『危機の憲法学』一五頁）。

十五年戦争中の京城におけるこの本の精読体験は、清宮にまさしく深い刻印を残したであろう。この体験は、軍制を国制から徹底的に切り落とした憲法九条に対する、清宮の以外なほど強いコミットメントの、基礎づけになっていることは間違いない。そのようにして、軍制の影響を一切受けない国制を構築し、明治このかた武張った社会であった日本社会から、一切の毒を抜こうとしたのかもしれない。(同書五七—五八頁)

清宮が精読したフーバーの本は、軍と民を分離し、軍制(軍の憲法)と国制(市民の憲法)を切断するのが、近代憲法秩序の本質的特徴であるにもかかわらず、実際には、軍制が国制を規定していたことを活写していました。それに対し、清宮は、「ドイツの国防制度の歴史的変遷を知るのは、非常に面白い。だが、それを正しく把捉するためには、フーバーのいうように、政治的総体憲法との内的連関を明晰に把握しなくてはならない」というコメントを付していたと、石川は指摘しています(同書五六頁)。

ドイツの国防ではなく、日本の国防についての「政治的総体憲法との内的連関を明晰に把握」したうえで、清宮は、**「いな、このようにしてこそ、国民の「安全と生存」が保持できるとしているのである」**という解釈論に達したのです。

＊　＊　＊

もっとも、憲法九条の精神が、世の常識(ドクサ)とは合致しないという意味で、逆説(パラドクス）であることは、九条の精神をもっとも明確に示した丸山眞男において痛切に自覚されていました。丸山は、冒頭に掲げた論文の最後を、アメリカ合衆国のディーン・ラスク米国務長官のコンコード演説（我々は今日逆説とともに生きている）を引用しながら、次のように締めくくっているのです。

ミサイルと対抗ミサイルの悪循環、および軍備を増強すればするほど安全感が低下するという現代の逆説がここに明確な言葉でのべられている。第九条の精神、すなわち軍備を全廃し、国家の一切の戦力を放棄することに究極の安全保障があるという考え方も、過去の国家の常識に反するひとつの逆説であります。しかしながら、それと反対に、現代の核時代における軍備が持っている逆説が、まさに世界最強の国家の、最高の責任者によって語られている。問題は、どちらの逆説をわれわれ日本国民は選択するのかということに帰着するわけです。（丸山『後衛の位置から』六七—六八頁）

丸山の問い＝どちらの逆説を選択するのか、が今日なお生きているのだとすれば（長谷部『憲法の理性』八頁は、丸山の問いを「冷戦下において発生しうる戦争は核戦争かパルチザン戦かのいずれかである蓋然性が高いという予想」だとしていますが、丸山が語っているのは「逆説」なのです）、本書が、憲法九条と平和的生存権という「逆説」を選択したことも、非現実主義的理想論だということにはならないと思います。読者のみなさまはいかがお考えになりますか。

注

(1) 国家である以上は完全非武装というのはありえないという考えに対し、丸山眞男が、国家観念自体を革命する以外にはない、一つの新しい国家概念を考えるしかないと言っていることが示唆に富む。丸山「サンフランシスコ講話・朝鮮戦争・六〇年安保――平和問題談話会から憲法問題研究会へ」『丸山眞男集第15巻』三二三頁。

(2) この関係を明らかにしたのは、丸山眞男「憲法第九条をめぐる若干の考察」(同『後衛の位置から』所収) である。

この論文は、一九六四年一一月一四日の憲法問題研究会例会報告にもとづき、一九六五年六月号の雑誌『世界』に掲載された。丸山はそこで、前文と第九条の思想的連関を指摘し、次のように述べている。「国際法上の伝統的な国家自衛権がたとえ否定されても、この前文の意味における国民的な生存権は、国際社会における日本国民のいわば基本権として確認されていることを見落してはならない」(四八頁)。

(3) 木庭顕「日本国憲法9条2項前段に関するロマニストの小さな問題提起」『法律時報』八七巻一二号五三頁 (二〇一五年)。同『憲法9条のカタバシス』(みすず書房、二〇一八年) 所収。

(4) 日本国憲法が公布される前、一九四七年四月に刊行された美濃部『新憲法概論』(三七頁) には、憲法九条二項前段について以下の記述がある。「是れはポツダム宣言受諾の必然の結果で、……唯に陸海空軍のみならず、空軍に転換せられ得べき可能性ある航空業も亦全面的に禁止せられ、其の他兵器・弾薬・航空機・海軍艦艇等の製造工業も亦禁止せらるることとなった」。ただし、それから半年後、一九四七年一〇月に刊行された『新憲法の基本原理』では、叙述の変化がみられる。「即ち降伏当時の軍隊の武装を解除するのみならず、将来に於いても軍備を備うることは永久に之を為さないことを宣言し、斯くして過去に於けるが如き軍国主義侵略主義の政治は全然其の根源を絶つこととなったのである」（八〇頁）。

（5）日本国憲法制定（大日本帝国憲法の改正）が審議された衆院本会議で、吉田茂内閣総理大臣は、交戦権の否認について、「国際平和団体の樹立に依って、凡ゆる侵略を目的とする戦争を防止しようとするのであります」と答弁した。寺島俊穂抜粋・解説『復刻版　戦争放棄編』八一頁。

（6）古田足日「忠君愛国大君のため――ぼくはアジア・太平洋戦争の中でこうそだった」古田足日・米田佐代子・西山利佳『わたしたちのアジア・太平洋戦争1　広がる日の丸の下で生きる』（童心社、二〇〇四年）一五頁。

（7）猪木・和田・内海・大沼「座談会・戦後責任――十五年戦争と植民地支配責任の受けとめ方」『法律時報』六一巻九号六頁における大沼発言。

（8）祖川『国際法と戦争違法化』一三九頁以下。

（9）半田『検証自衛隊・南スーダンPKO』一五三頁以下。

（10）ハマーショルド『道しるべ』一－一三頁（K・M・アルムクヴィストによる「はじめに」）。

（11）Martin, "Can we save true dialogue in an Age of Mistrust ?". 前掲『道しるべ』一八八頁以下の「一九六一年」の日記には、この祈りが二回綴られている。

（12）丸山『丸山眞男集第15巻』、三二九－三三〇頁。

第3講　国民とは何かを問う

1　ヘラーの国家論再訪

第1講では、ヘルマン・ヘラーというユダヤ系ドイツ人国法学者の国家論について話をしました。総理大臣のような権力をにぎった人たちも国家の一部だけれど、国家というのは権力者に対して抵抗し反対する人も含む。これらの力の相互作用が国家だという考え方です。

ヘラーの国家論は弁証法的国家論といわれます。二つの意味で弁証法的だからです。一つは、弁証法の原語ディアレクティーク（dialectic）、つまり対話術に由来する意味で、です。対話は、一方通行ではなくて、違うものがぶつかって、以前とは違うものがでてくる。一つのベクトルと、それとは違う向きのベクトルの力の総和が国家であるという意味で、弁証法的なのです。

もう一つの意味は、ヘラーの言葉を引用します。定義を直接読んでみてください。

問題提起者は、その存在を国家的生活の中に組み入れられており、決してそこから脱出して生きて行くことはできないのである。国家は、問題を提起する主体に対して、空間的に「対立」する疎遠な客体ではない。この両者の関係の本質は、ここでは、主体と客体との弁証法的同一性（die dialektische Identität von Subjekt und Objekt）なのである。（ヘラー

『国家学』五四―五五頁）

要するに、国家学の研究に従事する者も含めて、国家との関係を離れることができない。逆に、国家も、問題提起者の問題の喚起をその一部として必然的に含むという意味です。第一の意味が第三者的観察者からの見取り図であるかのように誤解されないように、ヘラーは「主体」の意味をつけ加えていたのだと思います。

ここから、個人の良心の問題が出てきました。法によって動いている組織である国家が、何に支えられているか。その正当性はどこからくるか。それは、「最終的には法を守って動かしていく一人ひとりの個人の良心からくるのだ」ということが、その帰結として出てきます。ヘラーの国家は、天皇が教育勅語を国民に押しつけていくシステムとまさに対照的で、一人ひとりの個人が、違った良心をもっていることを前提に、その時々の法を解釈し執行していく。時々の判断・決定は必要です。だから、権力核とその支持者が必要です。それは違法だと言って反対していく力も不可欠となる。なぜなら、人びとの良心が一致することはありえないからです。

では、一人ひとりの良心はバラバラでいいのか。それに対しては、国家の存在する一つの社会、たとえばドイツとか日本の社会では、国家を支える倫理的な法原則が存在する。ヘラーは、それが平等だと言っていた。しかし、ナチスが政権をにぎり制定された法は、倫理的法原則である平等に反している。ナチスに抵抗するのは絶望的だった。

しかし、ヘラーが言っていたことはまちがっていませんでした。それが戦後に実現したからです。

校長がナチスに、「遠藤という教師は生徒たちにヒトラーの悪口を言った、ナチスの攻撃をしたから、国家反逆罪で死刑にしてください」と密告したとする。それにもとづいて刑事裁判がはじまり、裁判官が「遠藤比呂通は、何月何日何時にナチスの攻撃をしたので、国家反逆罪で死刑に処する」と判決する。何日かあとにその刑は執行される。これがナチス国家でした。

でも、ナチスが戦争に負けて世の中がひっくり返りました。ナチスの戦争犯罪が国際戦犯法廷だけでなく、通常の刑事裁判所で追及される段になると、死刑になるのは遠藤ではなくて、「遠藤をチクったあの校長が殺人罪で死刑だ！」ということになる。実際、そういう判決が出ました（『ラートブルフ著作集第4巻　実定法と自然法』二四九頁以下）。

一九三三年にヘラーが言っていたことこそがほんとうだったのだ、「倫理的法原則、平等原則に違反するのは法ではない」と。だから、このヘルマン・ヘラーの国家論は、わたしたちが進むべき方向を指し示していたのです。日本で生きているわたしたちには信じられないかもしれませんが、そして、いまはまだ、かすかな力ですが、ヘラーの言っていたことのほうがいつか機軸になっていく、倫理的な法原則になっていく。そういうふうに闘うためには、正確な国家論を知る必要があるので、第1講で、国家論は大事だという話をしました。

2　丸山眞男の国家論＝「非国民」の国家理論

しかし、その考えはわたしのオリジナルではありません。

一九三六年の時点で、ヘラーが主張していた弁証法的国家論を土台に据えて、国家の概念を鍛えなおすべきだと書いていた人がいたのです。そのとき、そう書いた人は、まだ二二歳でした。名前を丸山眞男といいます。

丸山眞男は、東京帝国大学法学部の学生雑誌である緑会雑誌に、「近代政治学における国家の概念」という懸賞論文を書きました。そこで丸山は、ヘルマン・ヘラーの「弁証法的な全体主義国家」という言葉を使ったのです。

> 個人は国家を媒介としてのみ具体的定立をえつつ、しかも絶えず国家に対して否定的独立を保持するごとき関係に立たねばならぬ。しかもそうした関係は市民社会の制約を受けている国家構造からは到底生じえないのである。そこに弁証法的な全体主義を今日の全体主義から区別する必要が生じてくる。（丸山『戦中と戦後の間』三二頁）

丸山は、ナチスが言っているような国家原理は個人主義的国家形態の究極的発展形態であると喝破していました。その国家原理に対比して、反対闘争を含んだ国家をわたしたちはつくっていかねばならないと書いています。その際、当時ドイツでは有名だったシュミット、ケルゼンの理論ではなく、ヘラーの国家論を土台にしたのです。

　ところで、第1講について質問がありました。「国家論のなかで、非国民は、どういうふうに位置づけられるんですか」という質問でした。丸山が国家論を唱えた当時、「非国民」とされていたのは、共産主義者からはじまって、いろいろな人が対象となっていきました。そのなかで、いちばんひどい扱いを受けた人たちが植民地出身者でした。外地臣民と呼ばれた、朝鮮や台湾などから日本に来ていた人たちです。あるいは日本の植民地とされた朝鮮で生きていた人たちです。

「非国民」とは、天皇に服《まつ》ろわぬ人びと。これは古事記の言葉ですけど、日本の天皇制国家システムができたはじめから、七世紀、天武天皇の時代に「日本」ができたときから、天皇という言葉がはじまったときから、天皇に服《まつ》ろわぬ民という概念、つまり「非国民」という概念があったのです。

　日本国憲法のもとでいえば、天皇を「日本国及び日本国民の統合の象徴」だと思わない、あるいは思えない人びとということになります。「国家に対して否定的独立を保持する」ことを核とする丸山の国家論は、まさにこういった「非国民」の国家論ということになるのだと思います。[1]

3　安重根の問い

いまの「非国民」の話との関係でいえば、わたしたちの集合的記憶として、今日、覚えておかなければならないことはいろいろあると思いますが、一九〇四年二月一〇日、一九一九年三月一日、それから百年後の二〇一八年一〇月三〇日の日付がもっとも大事だと思います。

一九〇四年二月一〇日は、日本がロシアに宣戦布告した日です。宣戦布告の大権は天皇にあるから、天皇の名においてロシアに布告した。天皇の文書である詔勅で、東洋の平和を維持し、大韓帝国の独立を護るためにロシアと戦争をやるんだと、世界に向けて宣言した。

にもかかわらず、その後どうなったか？　韓国の外交権を奪い、軍隊を解散させ、そして、一九一〇年の韓国併合条約です。「これでは嘘つきではないか！」と言って、伊藤博文をハルピン駅頭で射殺したのが安重根（アン・ジュングン）です。安の『東洋平和論の序』にそう書いてあります（安『世界』二〇〇九年一〇月号九八頁以下）。

戦後になっても、この集合的記憶を忘却もしくは改竄して、「日本は韓国に良いことをしてやったね」「帝国大学なんてめったにないのに、京城帝国大学もつくっていいことを教えてやったね」「水力発電所だって東洋一のが韓国にはあるんだよ」「鉄道も通してやったね」「韓国の人たちは日本が併合してあげて喜んでいるんですよ」。

そういった言葉が、あとをたたない。

京城帝国大学で、「土地調査事業は違法だから朝鮮の人たちに土地を返還すべきだ」という法律家を育てたのでしょうか。(2) 東洋一のダムの電力は、朝鮮の民衆が一ワットでも使えましたか？(3) 鉄道はだれのお金で何のためにつくったんですか？ 借款して税金でつくらせたんじゃないですか。その税の重みはどうなってるんでしょうか。(4)

と、一つひとつ、ていねいに潰《つぶ》していくことも大切です。でも、これをずっとつづけていくのには限界があるのです。ですから、いちばん根幹のところにある安重根の問いに対して、わたしたちは答えられていないということを出発点にする必要があると思います。そして、その答えは、「非国民」とされた朝鮮の人びとから聞いてみるしかありません。

4 一九一九年三月一日の独立宣言文

いまから約百年前の一九一九年二月、朝鮮からの留学生たちが東京で六〇〇人ぐらい集まって、朝鮮の独立宣言を読み上げ、ほぼ全員がその日のうちに逮捕されるという事件がありました（山辺『日本統治下の朝鮮』六〇―六一頁）。それが一つのきっかけとなって、三月一日にソウルのタプコル公園で独立宣言文が読み上げられ、朝鮮全土で「朝鮮独立万歳」の独立運動が起こりました。

朝鮮最後の皇帝に純宗（スンジョン）という人がいますが、この人は日本の傀儡で、朝鮮人民にとっては高宗（コジョン）という人が最後の皇帝でした。彼は、一九〇七年に退位させられています。一九一九年に、高宗が死んで葬式があった。そのとき、次の皇帝が出てこないと、朝鮮の人びとにもわかった。「ナラ（国）が失われた」。朝鮮人民が最終的に立ち上がるきっかけとなったのです。

独立宣言文にはなにが書いてあるのか、みてみましょう。

当初から、民族的要求に由来しなかった両国併合の結果が、畢竟、姑息なる威圧、差別的不平等、および統計数字の虚飾のもとに、利害相反する両民族間に、永遠に和合することのできない怨みの溝を、ますます深からしむる今日までの実績を見よ。勇気、明断、果敢、もって旧来のあやまりを正し、真正なる理解と同情とにもとづく、友好の新局面を打開することが、彼我のあいだに禍いを遠ざけ、祝福をもたらす捷径であることを明察すべきである。（山辺『日本統治下の朝鮮』六八頁）

望んで併合をされたのではないと書いてあります。「その過ちを日本の人たちも知るべきです」と訴えています。

立ち上がった民衆たちになにをしたか。東京の学生たちは逮捕されて起訴されました。朝鮮では、逮捕し起訴しても長く勾留する根拠法がまだ整備がされていませんでした。日本総督府が選んだのは、街角で、村で、民衆を虐殺してしまうことです。少なくとも、七五〇〇人以上の人が虐殺されました。平和裡におこなわれたデモにもかかわらず、です。

たとえば、平壌の近くで起こった虐殺の記録が残っています。岩波文庫の『アリランの歌』（ニム・ウエールズ、キム・サン著、松平いを子訳）という本に書かれていますから、この話に興味をもたれたらぜひお読みください。これは、エドガー・スノーさんという方のお連れ合いヘレン・フォスター・スノウが、〝ニム・ウエールズ〟というペンネームで、一九四一年に書いた本です。だれが書いたか、だれを取材したかがわからないように、ペンネームにして書いた。キム・サンもペンネームですが、張志楽だとわかっています。彼は上海で独立運動をしていた人で、平壌で一九一九年三月一日を目撃しています。

当時、彼はキリスト教徒の少年でした。教会の女性たちが中心になって、「独立マンセー」と讃美歌を歌いながら平和に歩いていた。ところが、日本の官憲が彼女たちに殴りかかって殺したり、射殺したりする。それでも無抵抗な姿を目の当たりにしたのです。その場にいた彼は、「キリスト教徒といっしょに闘っても朝鮮の独立などできるか」と、キリスト教徒をやめて大陸に渡って朝鮮共産党とともに独立運動をしていました。独立を見る前に死んでいますが。

このとき、日本の民衆のあいだに差別意識が生まれました。朝日新聞の前身であった当時の新聞も「朝鮮の人にこれだけよくしてやったのにふとどきにも朝鮮人は反抗して大騒ぎした。

それを当局がちゃんと鎮圧した」と報道したのです。一方、日本の官憲や軍隊による朝鮮民衆虐殺は、世界にできるかぎり流さないようにしました。

朝鮮の中央に位置する水原（スーウォン）の提岩里（チュアムニ）にある、キリスト教の教会堂で、乳飲み子も含めて村人三十数人が焼き殺されるという事件が起こりましたが、できるかぎり隠そうとしました（小笠原・姜他『三・一独立運動と堤岩里事件』）。

民衆が立ち上がり独立を望んでいるということを理解した人、たとえば、吉野作造の文章もありますけれど、マスコミはこぞって「不逞鮮人」という言葉で非難しました。こうやって差別意識を蔓延させたのです。

差別意識の裏返しとして、朝鮮人に対する恐怖が日本社会に芽生えはじめました。四年後の一九二三年九月一日の関東大震災の折、「流言が元となって朝鮮人たちを殺した」なんて言われていますが、最初に「朝鮮人が井戸に毒を入れた」というデマを流したのは軍です。そして、軍が戒厳令を出した。戒厳令、つまり国内に敵がいるという戒厳令を布き、そして、その敵として指名された相手が日本にいる朝鮮から来た人たちでした。

自警団が組織されましたが、自主的に組織したのではなく、軍が組織させたのです。いわば組織的な虐殺がおこなわれたのです。吉野作造が一人ひとりに聞いて歩いてまわった、いちばん少ない統計でも二千数百名という数にのぼります（吉野・松尾編『中国・朝鮮論』二九九頁以下）。

一九一九年から一九二三年までに一万人以上の人が、なんの罪もなく殺されている。そういった歴史＝集合的記憶を、わたしたちの生の個人的記憶のなかで喚起していく必要があります。

5　韓国大法院判決

第2講で触れましたが、日韓請求権協定の土台となっている日韓基本条約では、韓国併合条約の侵略性が最大の争点となりました。韓国側は、国際法違反であり、はじめから無効であったと主張しましたし、日本側は、当初有効であったが、領土喪失により無効となったと言いました。妥協の産物として、already void ＝「すでに無効」という言葉が使われ、解釈が曖昧にされてきたという経緯があります（祖川『国際法と戦争違法化』二四三頁以下）。

二〇一八年一〇月三〇日、韓国大法院は、元徴用工の方々の損害賠償請求権は、日本政府の朝鮮半島に対する不法な植民地支配と、侵略戦争の遂行に直結した日本企業の反人道的な不法行為を前提とした慰謝料請求権であり、日韓請求権協定の適用の対象に含まれない、としました（権『法律時報』九一巻二号四頁以下）。

今回の判決は、侵略性を認めない日本国政府に対し、韓国政府が侵略性を前提とする国民の請求権を放棄したはずはないという理屈をとるものです。その意味で、侵略性を否定し韓国併合条約も有効だと開きなおる日本の理屈を逆手にとったといえるかもしれません。

しかし、もっと大事なことがあります。原告らは、韓国で訴訟を起こす前、日本の裁判所で救済を求めましたが、日本の裁判所は救済の手を差し伸べなかったことです。問題となっているのは、そもそも原告らを「日本臣民」として支配したことは侵略ではなかったのか、です。日本の裁判所は、「合法的」であるとして判断しました。対して、韓国大法院は、韓国併合条約の有効性を前提とする日本の最高裁判所判決は、「公序良俗に反し無効である」と認定したのです。

日本の為政者たちがいうような、一九六五年の協定の解釈という単なる国際法上の問題ではありません。一九一〇年の韓国併合条約に対していまのわたしたちがどう向き合うかという、法＝倫理の問題だからです。同じ人類の一員として、大法院判決が正しいのか、最高裁判決が正しいのか。歴史の法廷において問いつづけなければならないと思うのです。

6　柳の枝に箏を掛ける

「柳の枝に箏を掛ける」（hang a harp on a willow tree）という言葉があります。この言葉は、故国を失い、外国に捕囚となった民の嘆きをあらわす成句です。この成句は、もともと、旧約聖書詩篇一三七の次の一節に由来しています。「我らはその中の柳に、我らの箏をかけた。我らをとりこにした者が、我らに歌を求めたからである。我らを苦しめる者が楽しみにしようと、

「我らにシオンの歌を一つ歌え」といった。我らは外国にあって、どうして主の歌を歌えようか」。

この歌を引用したのは、在日韓国・朝鮮人、捕囚の民となった人びとの叫びに耳を傾ける必要があるとの思いからです。韓国に居住する元徴用工の方々や遺族は、不十分ながら韓国政府に二度にわたり補償を受けています。しかし、日本に居住する在日韓国・朝鮮人の人びとはまったく、なんらの補償も賠償も受けていないのです。

済州島出身の鄭商根（チョン・サングン）さんが、旧日本軍の軍属として徴用され戦地で負傷し、重い障害を負ったにもかかわらず、障害年金の受給を拒否されました。大阪地裁は、「違憲の疑いがある」としながらも、鄭さんを敗訴させました。鄭さんは「理不尽なり」という言葉を遺言として、お亡くなりになりました。二一歳で徴用された鄭さんは、戦後は大阪にとどまり、古本屋さんを営んでいました。済州島に遺され、別れたとき一歳だった鄭さんの長男と配偶者が訴訟を引き受けることになりました。

一九九七年一月に、大阪弁護士会に弁護士登録を済ませたわたしは、丹羽雅雄弁護士の依頼で、大阪高裁の控訴審と、最高裁判所の上告審でご遺族の代理人となりました。最高裁判所は、いま、日韓のあいだで大きな問題になっている、一九六五年締結の日韓請求権協定について、日本国政府の解釈と大韓民国の解釈が違うことで、「在日韓国人の軍人軍属は、その公務上の負傷又は疾病につき日本国からも大韓民国からも何らの補償もされない」不平等状態にあると認定しながらも、次の論理で、遺族の訴えを退けました（二〇〇一年四月一三日第三小法廷）。

在日韓国人を補償の対象から除外した援護法附則二項は、一九五二年の制定当時においては十分な合理的根拠があった（将来の二国間取極めに委ねられたから）。

二国間取極めである日韓請求権協定の締結後、日本人の軍人軍属と在日韓国人の軍人軍属との間に公務上の負傷又は疾病等に対する補償につき差別状態が生じていたことは否めない。

差別状態が生じていたにもかかわらず、援護法附則二項を存置したことが、憲法一四条一項に違反しないか検討されなければならない。

軍人軍属の公務上の負傷若しくは疾病のような戦争犠牲ないし戦争損害に対する補償は、憲法の予想しないところというべきであり、その補償の要否及び在り方は、事柄の性質上、財政、経済、社会政策等の国家全般にわたった総合的政策判断であって、立法府の裁量的判断に委ねられたものと解される。

また、援護法附則二項を廃止することを含めて在日韓国人の軍人軍属に対して援護の措置を講ずることとするか否かは、大韓民国との間の高度の政治、外交上の問題でもあるということができ、複雑かつ高度に政策的な考慮と判断が要求される。

日韓請求権協定の締結後、援護法附則二項を存置したことは、いまだ複雑かつ高度に政治的な考慮と判断の上にたって行使されるべき立法府の裁量の範囲を著しく逸脱したものとはいえず、憲法一四条一項に違反しない。

この判決のどこにも、日本国政府からも大韓民国政府からも見放された在日韓国人の「差別状態」の解消について、いったい誰が責任を負うべきかが示されていません。それどころか、「差別状態」が生じる原因となった日韓請求権協定二条二項（a）の解釈について、日本の最高裁判所は、みずからの解釈を示す責任さえ放棄しています。この判決を、鄭さんの遺族にどう説明したらよいのでしょうか。

この判決の無責任さはどこからくるのか。あらためて考えざるをえませんでした。その過程で、わたしを含めた日本の法律家が、鄭さんを軍属として徴用した日本の法令を有効なものとして扱っていたこと自体に疑問を抱くようになりました。それは、とりもなおさず、日本の法令の土台にある一九一〇年の韓国併合条約を有効であると認めることを意味します。法的安定性からすれば、それもやむをえないのでしょうか。「悪法も法なり」ということでしょうか。この裁判をきっかけに、これは間違いだと思うようになりました。

7　ラートブルフ・テーゼと憲法訴訟

わたしの専門は憲法訴訟ですが、日本の憲法訴訟のパイオニアの一人であった、芦部信喜は、個人の尊厳を冒し、その自由を不当に侵害する法律は、正当な法としての性格を否定しなければならないという考えから、「ラートブルフ・テーゼ」を憲法訴訟論の土台に置いたといいます（「芦部信喜・平和への憲法学（10）」信濃毎日新聞二〇一八年九月五日朝刊）。ここでいう、「ラートブルフ・テーゼ」とは、2節でも触れましたが、ドイツの法哲学者グスタフ・ラートブルフが一九四六年に発表した「実定法の不法と実定法を超える法」という論文にある次の一節に集約できるもので、ドイツの戦後処理の土台となりました。

正義の追求がいささかもなされない場合、正義の核心をなす平等が、実定法の規定にさいして意識的に否認されたような場合には、そうした法律は、おそらく単に《悪法》であるにとどまらず、むしろ法たる本質をおよそ欠いているのである。（『ラートブルフ著作集第4巻』二六一頁）

賠償責任を肯定した大法院判決は、本来、日本の最高裁判所が採るべき立場だったのではないでしょうか。

8　特高警察の子孫として

最後に、「わたしはどこに立っているか？」という大事な問いについてです。わたし遠藤は、鄭商根（チョン・サングン）さんの弁護士だった、代理人だったということを話しました。しかし、それだけでは大事ななにかが欠けています。

「不逞鮮人」というレッテルを貼られて、正式な裁判をする前に、特高警察に拷問を受け、たくさんの人が殺されています。強制連行やいろいろな形で日本に来た朝鮮半島からのたくさんの移住者をすべて協和会という組織に登録させて、常時監視するシステムができあがっていました。そのシステムの中心にいたのが、特別高等警察・内鮮係です（水野・文『在日朝鮮人』五九頁以下）。

石和（いさわ）という山梨県の町に、わたしが三〇歳のとき、母と蕎麦を食べに行ったことがあります。そのとき母が、「わたしはここに住んでいたのだ」という昔話をしはじめました。母の父親、つまりわたしの祖父は、塚原重治という名前です。当時、祖父は料亭の女将と浮気をし、祖母がそこへ乗り込み、その女将と喧嘩したという話です。ことの真偽はともかく、祖父の羽振りがよかったのは、石和で特別高等警察、つまり特高の内鮮係だったからです。母が数年前に亡くなったとき、遺品のなかに祖父の記録がありました。一九四三年に塚原が亡くなったときの記録（写し）があったのです。母がどういうつもりだったかは知らないけれど、ずっと持っていて、わたしの小学校の通信簿の横にそれがあって、「あっ、こういう人生を歩んだんだ」と事蹟がわかりました。

特高警察だった祖父がなにをしたのかの記録はありませんでした。ただ、うちのじいさんが特高警察・内鮮係として朝鮮人を弾圧していたことは確実です。その塚原の孫が、いま、口をつぐんでしまうわけにはいきません。集合的記憶を、わたしの個人的記憶として掘り起こさなかったら、「不逞鮮人」として殺されていった人たちにほんとうに申し訳が立たない。塚原の孫としての責任です。

閑話休題《それはさておき》 3　実定法の不法と裁判官――ラートブルフと韓国大法院

第3講では、韓国大法院判決が示した判断は、本来、日本の最高裁判所が示すべきだったと主張しました。その根拠として「ラートブルフ・テーゼ」を紹介しました。

正義の追求がいささかもなされない場合、正義の核心をなす平等が、実定法の規定にさいして意識的に否認されたような場合には、そうした法律は、おそらく単に《悪法》であ

るにとどまらず、むしろ法たる本質をおよそ欠いているのである。（『ラートブルフ著作集第4巻』二六二頁）

「ラートブルフ・テーゼ」が裁判官の判断の土台であるべきだというのは、どういうことなのか。裁判官は、もっとも法的安定性を重視しなければならない職務ではないのか。読者のなかには、この点について首を傾げた方もいらっしゃるのではないかと思います。そこで、閑話休題3では、「ラートブルフ・テーゼ」を扱います。

＊　＊　＊

「ラートブルフ・テーゼ」を理解するには、法の効力論について知る必要があります（『ラートブルフ著作集第1巻』二一六―二二九頁）。「ラートブルフ・テーゼ」は、法の効力論の土台に定礎された「試金石」だからです。

法の効力論とは、法の根拠を問う議論です。ラートブルフは、法の根拠を問う議論を「命令の内容である規範がなぜ義務づけられるのか」という問いとして考えました。つまり、「盗むな」という命令は、だれからだれに命令されているのかという具体的状況を離れて、純粋に「盗んではならない」という内容の規範を含んでいるとラートブルフはみるのです。その規範は、人びとをどのように義務づけるのでしょうか。

彼は、法の根拠を示す回答には三つの種類があると考えました。第一に、法律的効力論。第二に、歴史学的―社会学的効力論。最後に、哲学的効力論。

第一は、規範の効力の根拠はほかの規範にあるという考え方です。しかし、この考えは堂々巡りに陥ります。徒然草の最終段には、教えにより人が仏になるなら、「第一の仏は、如何なる仏にか候ひける」と子どもに問われた親が、「空よりや降りけん、土よりや湧きけん」と、答えに窮したエピソードが描写されています。それと同じように、最初の根本規範の効力を説明できなくなるからです。ラートブルフは、「自らを王と思い上っている狂人の命令に対しても動かすことのできない根拠をもってその効力を否認することもできないであろう」と、この考えを痛罵します。

次に登場するのが、歴史学的―社会学的効力論です。まず、規範は、「実現しうる実力によって命令せられているので効力をもつ」という実力説があります。しかし、実力が利かなくなれば法が効力を失うとしたら、あまりに不安定です。そこで次に、実力とは精神であり、もっとも偉大な力は法であるという考え方が出てきます。「もっとも強いものでも、その腕力を法に、服従を義務に変化させなければ充分に強くない」というのです。服従を承認させる力こそ法の根拠だという、イエリネックの事実の規範力説です。

しかし、この考えもすぐにつまずきます。承認するから効力があるというのであれば、だれかが承認しなければ、法の拘束力が破壊されてしまうことになります。この困難に対処するために、「当然に承認されるべき」力が根拠だというところに行き着かざるをえません。しかし、これは、「当然に承認されるべき」という正しさを根拠とするのですから、もはや歴史学的―社会学的効力論ではなくなってしまいます。

こうして、法の根拠を尋ねていけば、やがて、正当なものだけが法であるという、哲学的効力論にいたります。不正な法はただちに、それだけで効力が否定されるのです。しかし、それでは各人が勝手に法の効力を否定できることになりかねません。このような探求の結果、法の妥当する根拠は法的安定性にあるのだという結論に、ラートブルフは達しました。

「我らに静安を与える者が主である」（ゲーテ・ファウスト二部四幕）。これこそあらゆる実定法が根拠をおく「根本規範」であり、人はこれを新約聖書ロマ書一三章第一節において「人各々上に立てる諸権に服すべし」という言葉をもって要約しているとラートブルフは考えました。

法的安定性、平和、秩序が法の第一任務であり、規範の根拠を定める「根本規範」であるという考え方が、ラートブルフの法の効力論なのです。ラートブルフの根本規範の考え方は、不正の法も法であるという考え方でした。しかし、法的安定性こそ法の効力の根拠だとしたあと、ラートブルフは次のようにつづけます。

しかしながら以上のことが効力論に関する法哲学の最後の言葉であってはならない。

ラートブルフは、法的安定性、正当性（正義）、合目的性という三つの法理念は同価値であり、そのあいだに衝突があるときは、「個人の良心による解決」以外にないとしたうえで、「良心が服従を拒むような『邪悪な法律』もありうる」と結論づけました。一九三二年の『法哲学』第三版の探究はここで終ります。

＊　＊　＊

ナチズムの残虐な支配、ホロコーストが「法律」によって遂行されたことの責任の一端が、みずからの考えを含めた「法実証主義」（不正の法も法である）にあると考えたラートブルフは、敗戦後すぐに「実定法の不法と実定法を超える法」を著し、法の効力論の重要な部分を変更します。変更された「法の効力論」の結論が「ラートブルフ・テーゼ」なのです。

「ラートブルフ・テーゼ」は、ナチスの法の全体を無効にするために主張されました。一九三二年の段階で同価値とされていた法的安定性、正当性（正義）、合目的性のうち、敗戦後になって、公共の福祉のための合目的性が法の究極の価値であるという主張に変わりました。ナチスのニュルンゲルク法などの示すことは、個々の事例の不正を超えて、法体系全体が正義（その中核にある人間人格の平等）に反するという認識にラートブルフはいたったのです。

このような事態に直面したとき法的安定性が法の第一の任務であるということはもはやでき

ません。なぜなら、法を定義づけるとすれば、正義に奉仕するように定められた秩序であるというほかないのですが、この基準に照らせば、ナチスの法体系は、とうてい妥当する法としての品位をもてないからです。

＊　＊　＊

「ラートブルフ・テーゼ」が、戦後の日本の裁判官によって、戦前の日本の法体系に適用されることはありませんでした。「悪法も法である」ということでしょうか。これに対し、第3講で紹介した韓国大法院判決は、一九一〇年の韓国併合条約にもとづく法体系に「ラートブルフ・テーゼ」を適用し、現在の法関係の基礎に据えました。

本件日本判決が、日本の韓半島と韓国人に対する植民地支配が合法的であるという規範的認識を前提に日帝の「国民総動員法」と「国民徴用令」を韓半島と訴訟当事者に適用することが有効であると評価した以上、このような判決理由が含まれる本件日本判決をそのまま承認することは大韓民国の善良な風俗やその他の社会秩序に違反するものである。

日本帝国支配下の法体系が、個々の不正義はあれ、全体的に正義に仕えていたと考えるか。それとも、韓国併合条約の締結の不法から、独立運動への弾圧、土地収奪、強制連行、挺身隊という名の性奴隷制、「内鮮一体」の嘘の集合的記憶から、妥当する法としての品位を欠くとするのか。

現在の法律問題を解決するために、後者を選択するしかないのだと、大法院判決は言っているのだと思います。

注

(1) 丸山眞男がここで言う国家論を生涯貫き通したのかは、また別の問題である。丸山『「文明論之概略」を読む・下』二四三頁以下の「国民」による「国民国家」の形成を説くくだりは、状況に応じて強調点を変えるという丸山一流のレトリックとして考えても、彼の「初心」とはかけ離れた感が否めない。なお、この点について、丸山が「国民」とは誰かの問題について、「文化や来歴の亀裂が生じていること」を意識していなかったのではないかと指摘する文献として、苅部『丸山眞男』一三二頁。

(2) 日本総督府支配下の朝鮮において「土地調査事業」という名でおこなわれた土地収奪については、山辺『日本統治下の朝鮮』三二頁以下。弁護士の布施辰治は、一九二五年三月、全羅南道宮三面の村民による土地所有権確認訴訟の提起のため渡朝したが、総督府の妨害で訴訟提起もできなかった。帰日した後、布施弁護士は、上野自治会館で開催された朝鮮事情講演会で「東洋拓殖会社が全朝鮮にわたって農民から土地を収奪するために合法的な詐欺を行っている事実」を報告した(布施『ある弁護士の生涯』五九頁)。

(3) 一九四一年に送電開始した鴨緑江の水豊ダムの最大出力は世界最大級の七〇万キロワット(黒部第四ダムは、三三万五千キロワット)であったが、日本人技術者の証言によると、コンビナートと日本人住宅のためにのみ使用され、現地の朝鮮の人びとにはなんの恩恵ももたらさなかった(山本『近代日本一五〇年』一四一頁以下)。

(4) 朝鮮の鉄道は、はじめから軍事目的であったが、韓国併合の翌年、元老山県有朋が政府に提出した意見書「軍事上の要求に基づく朝鮮満州における鉄道経営方策」のとおり、敷設・経営された。同意見書には、結論として、「要するに朝鮮及満州における鉄道の経営は一に軍事上の要求を主眼とし須らく帝国永遠の利益に鑑み徒に眼前の小利害を打算して国家将来の大方針を閑却することなく着々計画実行し」と記載されている(山辺『日本統治下の朝鮮』一九九―二〇〇頁)。

第4講　象徴とは何かを問う

1　象徴と究極的存在

この講義では、国歌「君が代」について、とくに象徴としての機能に着目して考察します。ところで、象徴とはなんでしょうか。清宮四郎執筆の日本国憲法の代表的な教科書は、次のように説明しています。(1)

一般に象徴（Symbol）とは、抽象的な存在（目で見ることのできないもの）を表現または体現する有形的、具体的なもの（目で見ることのできるもの）をいう。……多くの人々が、抽象的な思惟を好まないために、感性的に知覚できる象徴というものが必要になるのである。

（清宮『憲法Ⅰ［第三版］』一五三頁）

この説明によれば、象徴は一種の符号あるいは記号ということになります。清宮が、具体例として挙げるのが、純潔と白百合の花、平和と鳩というのですから、そう理解しても誤りではなさそうです。しかし、象徴は、単なる符号あるいは記号ではありません。

もし象徴が単なる符号あるいは記号であるなら、戦前、天皇の絵姿の写真＝御真影を奉安殿という建物に祀り、児童生徒に礼拝させるだけでなく、火事の際には校長が一身に代えてでも死守しなければならないことが当然のように実行されたことを説明できません(2)。

象徴には、単なる符号あるいは記号を超えた意味があるはずです。わたしの知るかぎり、符号あるいは記号と象徴の違いをもっとも明解に説明しているのは、哲学者でありプロテスタント神学者のパウル・ティリッヒです。そこでまず、ティリッヒの解明に耳を傾けてみたいと思います。

象徴は、自分を超えてほかに何者かを指し示すという点で、たしかに、符号あるいは記号と似ています。しかし符号あるいは記号は、指し示す実在に関与(participate)することはありませんが、象徴はそれに「関与する」という点で、決定的にちがいます。「関与する」とは、単に指し示すだけではなく、指し示す実在の一部として生きているという意味です。

ここから、歴史的にほかに代わることができない、意識だけでなく無意識の世界で受容されるという、象徴の特徴が出てきます。象徴は生き物のように生じ、死滅するので、科学的批判や排斥運動により死滅させることができません。象徴が死滅するのは、社会において実在に関与するという影響力を失うときなのです。

象徴が必要なのは、実在の層のなかには象徴によってしか表現されえないなにかと、その実在の層に対応する我々の存在の隠れた深層があるからです。芸術作品は、ほかの方法では示すことのできない実在の層を象徴しますし、演劇は、我々の知らない自分自身を教えてくれるのです。

国歌を考える際にとくに留意する必要があるのは、象徴のなかでも、信仰にかかわる象徴です。信仰は、我々が究極的にかかわっている状態です。信仰の典型は、旧約聖書の表現する信仰です。それは、「思いを尽くし、心を尽くし、魂を尽くし、汝の神を愛せよ」という要請として表現できます。信じるものが対象に究極のかかわりをもち、信じる対象（神）が信じる者に究極にかかわってくるという相互作用が、信仰状態の特徴なのです。

究極的存在は象徴によってしか表現できません。ここに、象徴の大切さと恐ろしさがあります（ティリッヒ『信仰の本質と動態』五七―六〇頁）。というのも、民族が究極的関心の対象となれば、必ず魔神化せざるをえないからです。歴史上、民族的宗教のかたちで現れた信仰は、きわめて悲惨な戦争、民族虐殺を生み出してきました。ある民族が、その生存と繁栄とをその究極的関心とし、信じる者に無制約でかかわるときは、ほかのあらゆるかかわり、経済的福祉、健康、生命、美的・認識的真理、正義、人間性などすべてを犠牲にすることが要求されるからです。

とくに、日本やドイツのような二〇世紀の極端な民族主義は、日常生活の些細な関心事を含めてのあらゆる人間実存の局面において、「究極的なかかわり」がなにを意味するかを端的に示しています。そこでは、すべてのものが「民族」という唯一の神に集中され、この神はまさに魔的なものとして正体を現しました。

国歌が、意識的に、あるいは無意識の世界で、日本民族がすべて、アマテラスの神勅により、天孫のもとに支配される一つの民族であることを象徴するというのは、そのような作用がもっとも濫用された事例です。

皇學館大學学長を務めた国学者山田孝雄が次のように語っていることは、「君が代」の象徴としての端的な意義づけとして興味深いと思います。

国歌を「君が代」と定めたのは結局明治時代の日本民族全体であり、それがいつの間にかそうなってしまったというより外にいい様の無い事である。これは個人の考えでも無く、或る団体の考えでも無い。真に日本民族の精神の結晶だといわねばならぬものであろう。

（山田『君が代の歴史』一六六頁）

国歌に対する攻撃は、国家、国民の尊厳に対する攻撃として受け止められることになります。それは冒瀆と考えられるのです。国歌斉唱時に不起立、不斉唱を貫く教師が入学式や卒業式からその存在を締め出されるのも、まさにこのことを示しています。

逆に、国歌の象徴的機能に異議を差し挟む市民は、倫理的法原則である基本的人権を維持する闘いで、非常に重要な役割をはたしていることになります。国歌が象徴であるとすれば、それを変えていくのはほんとうに困難なことだからです。そして、国家を魔神化させる力に棹差さず、それに対抗する力としての抵抗は、困難な情況にあればあるほど、その輝きを増していくということになるはずです。

2　カンタータ「脱出」＝劉連仁の物語

ここでは、対抗する試みとして二〇一六年七月、大阪でおこなわれた、市民たちによる、林光のカンタータ「脱出」の公演（大阪フィルハーモニー）を取り上げたいと思います。一九七八年に、木島始の詩に林光が作曲し、カンタータ「脱出」という歌曲が作られました。木島の詩は、はてしない波を渡りつくしてはじめてわたしたちと中国の人びととの連帯が始まるというメッセージを伝えています。

カンタータといえば、バッハの「主よ、人の望みの喜びよ」が有名ですが、歌はソロ、二重唱、合唱、バックはオーケストラの祈願曲です。林光が作ったカンタータ「脱出」はオーケストラの演奏つきで一八曲です。東京の労働者が自分たちで歌う歌として作られ、林が指揮して初演しました。「脱出」は、中国人劉連仁（リュウ・レンレン）さんの強制連行とその後の十三年間にわたる逃亡生活を描いた曲です（林他『カンタータ脱出』、欧陽『穴にかくれて14年』、森越『生きる』）。一九四四年に中国の日本占領地域（＝山東省）で、合計すると三万人を越える人たちに対しておこなわれた強制連行が背景になっています（西成田『中国人強制連行』）。

中国の方々の強制連行に対する裁判が、一九九五年からはじまりました。その二番目の裁判が、山東省出身の劉連仁さんの裁判でした。一審の東京地裁では勝ったのです。劉連仁さんは強制連行された後、北海道の明治鉱業昭和炭鉱所というところから敗戦直前に逃げ出しました。あまりにもひどいことをされるので、これはえらいこっちゃと逃げた。単に逃げたのではなくて、日本人がとても怖く、信じられず、十三年間山のなかに隠れていた。北海道の山のなかにですよ。

劉さんは一九五八年に発見されて、しばらくして中国にお帰りになりました。子どもと配偶者がいらっしゃって、帰ってからお嬢さんも生まれた。発見されたとき覚えていた日本語が「いたい」だったそうです。その劉さんに、日本政府は一〇万円の見舞い金をやるから「帰れ」と言った。劉さんは受け取りを拒否して中国に帰って、一九九六年に裁判を起こしました。

二〇〇一年に一審の判決が出ました。(3) そのとき劉さんはすでにお亡くなりになっていました。東京地裁は「国は、劉さんの遺族に対し、二〇〇〇万円を支払え」と命じました。判決では、日本が一九四二年に中国人強制連行の閣議決定をしたこと、劉さんがどのように傀儡政権の軍人によって捕虜にされ、日本に連行され、契約もなにもないまま非常にひどい労働条件のなかでノルマを課せられたか、炭鉱では殴られ、閉じ込められ、働かされたかを事実認定して、「二〇〇〇万円を支払え」としています。

「脱出」でもそのときのことが、象徴的に歌われています。三番目の〈うさぎ狩り〉と、その表むきの呼び名の歌です。どんな内容かみてみましょう。

ナレーター　飛行機工場に女学生が動員された。石炭を掘る炭鉱に、鉄鉱石を掘る鉱山に、地下の仕事に、荷物はこびに、人手は全く足りなかった。そこでおえらがたは、「何とかしなくちゃ」と考えた。「大陸にちからのある労務者が、いっぱいいるではないか」。一九四二年、そう思いついたおえらがたは、「集めてこい」と命令した。「しかし　どうして　チャンやワンや　リューを　集めるんでありますか?」あいつは言った。

男声ソロ　「うさぎ狩りのやりかたさ」

コーラス　大きく　まあるく　とりかこむ
銃でもって　とりかこむ
つつさき　突きつけて　とりかこむ
「撃て!」
ダダダーン
追われるひと　ひと　ひと　ひと
どっちへいっても
逃げみちはない
逃げみちはない

逃げみちは　たったひとつ
ふさがれた　檻のなか
奴隷にされる　網のなか
〈うさぎ狩り〉は　くりかえされた
〈人間狩り〉は　くりかえされた
〈募集〉といえば　聞えがいいが
逃げみち　ふさがれた　奴隷狩り
〈指紋〉をむりやりとられたら
それが〈契約〉ということさ

男声ソロ

（林他『カンタータ脱出』一三六―一三七頁）

「あいつは言った」「うさぎ狩りのやり方さ」の「あいつ」はだれなのでしょうか。「うさぎ狩り」と呼ばれた強制連行は、どういう目的でおこなわれたのでしょうか。この詩では、一九四二年に「あいつは言った」となっていますが、別の歌ではその「あいつ」がなんと、一九五八年に劉連仁さんが発見されたときの総理になっていたとあります。発見後、国会で強制連行の事実を認めなかったのが「あいつ」。当時の総理大臣といえば岸信介、長らくその座にいた元総理大臣安倍晋三のおじいさんです。

一九四二年に「あいつ」が一員となっていた内閣が閣議決定して、中国人の強制連行に乗り出します。すでに国家総動員法で日本国民や日本に併合した朝鮮の人びとを動員しており、朝鮮人強制連行は七〇万人とも八〇万人ともいわれますが、それでも労働者が不足し、中国人も強制連行したのです。中国は交戦相手であり、日本が傀儡政府をおいてその一部を支配していました。中国の北部、劉連仁さんがいた山東省などから、「三万八九三五名が一三五事業所に追い立てられ」と「脱出」のナレーターは数字を特定して語ります。

この数字は、一九四六年三月一日付けで出された外務省報告書（華人労務者事業場別就労調査報告書）にあるのですが、長い間、政府はその報告書は「紛失した」としてきました。そして強制連行ではなく、労働者として募集して契約したのだと説明してきました。ですが、一九九三年にＮＨＫの番組で存在が明らかになりました。華僑協会に保管されていたのです。この外務省報告書が発見されるまで劉連仁さんは裁判を起こせなかったのです。

「うさぎ狩り」という呼び名は、山東省での作戦が「労工狩り作戦」「大包囲作戦」と呼ばれたことにちなんでいます。一九四四年に劉連仁さんが「うさぎ狩り」にあい、青島を経て船で日本に連れてこられ、北海道の明治鉱業昭和炭鉱所で働かされました。詩では募集契約の虚偽を指摘していますが、劉さんたちの契約は昭和炭鉱所などの企業と国家とのあいだで交わされただけでした。契約という形式すらなかったのです。判決でも、劉さん自身が契約したとは認められていません。

劉さんは、一九四五年七月、敗戦のわずか二週間前に、あまりにも劣悪なその環境から抜け出そうと四人の仲間とともに炭鉱所から脱出しました。強制労働がどのようなものであったのか。冬のあいだは一度も入浴できませんでした。カンタータの中心は、劉さんの十三年にわたる逃亡生活を切々と歌い上げることです。わたしたちも彼のたどった道をせめて想像の世界でいっしょに歩むように、と。

劉さんの遺族の勝訴判決に対し、国は控訴しました。東京高裁も、劉さんが強制連行されてひどい目にあったこと、劉さんを保護する義務があったのに日本政府はなにもしなかったことを認めざるをえませんでした。しかし、東京高裁はなんと相互主義を持ち出します。中国の人に日本政府が損害賠償するのは、日本人が中国に行ってひどい目にあって、中国政府を訴えることができるようになってからだというのです。国家賠償法六条に書いてある、と。東京高裁は、中国政府が日本人に損害賠償を認めたのは一九八七年だったとしたうえで、「残念ながら、劉さん、相互主義にもとづいて、あなたはあきらめてください」と、そう言ったのです。(4) そもそも、相互主義が適用になる事案ではないといえばすむことなのに。(5)

劉さんの裁判は結果としては負けましたが、中国からの強制連行についてきわめて重要な認定をしました。しかし、日の丸が裁判所の建物にも掲揚され、君が代が歌われるとき起立しないというだけで、やがては教師をやめざるをえなくなる社会で、それをどうやって憶え、伝えていくことができるでしょうか。

カンタータでは、歌の力で憶え、そのことを友好のための礎にしようというメッセージが歌い上げられます。一八番目の最後の歌、はてしない波を渡るための歌です。

雪どけの谷間　水の流れは美しい
だが　どうして水は流れてゆくか
流れる水のしたに岩があり
流れる思いを動かす出来事がある
溶けた雪のした　泥のなか
たしかにあなたの足は踏みしめたのだ
その岩を　あの出来事で
果しない波をわたりつくして兄弟がある
ものの溢れる底に何があるか
時の壁をつらぬきとおし
歌のひかりで映してみよう
あなたの足が踏みしめた跡を
ビル立ちならぶ底に何があるか
忘れてならぬ出来事つたえ
歌のちからで憶えていこう

　あなたの足どりを　波また波をわたるため
　果しない波をわたりつくして兄弟がある

（林他『カンタータ脱出』一四三頁）

なかなか素晴らしい歌でしょう。「果しない波を渡りつくして兄弟がある」、姉妹があるでもいい。魯迅の言葉です。いちど聞くだけで、共感するところがあると思います。

「君が代」や「日の丸」は、さきほども言ったように、民族や集団が集合的なものとして無意識に選びます。それらを跋扈させないためには、その集団がもっている集合的無意識を覚醒させて、つまり目覚めさせていくしかない。

だから、理性の面では、この国に邪魔者とされ「非国民」と言われている人たちの憲法解釈こそが、つまり、いまの日本国憲法の言葉で言えば、日本国および日本国民の統合は天皇であると思わない人、思えない人の自由こそが大事だという話を第3講でしました。

ここでは、なにも集合的無意識に象徴の力を独占させる必要はない、同じ象徴である歌の力で変えていくという道もあるのではないか、ということをお話ししたかったのです。

二〇一六年の大阪講演の公募合唱団は、鶴賀とも子先生をはじめ、音楽教育にたずさわる小学校、中学校の教師を中心として結成されていました。わたしたちの希望の一つがここにあると思います。

3　日本の最高裁判所における象徴論の欠如

「日の丸」「君が代」のことに戻りますが、たしかにオリンピックのときに旗を揚げないとならないから旗も歌も必要でしょう。だけど、それが安全であるためには、「日の丸」掲揚「君が代」斉唱のときに、「あーぁ」とあくびしている人や、座っている人が同じように必要です。しかし、日本の最高裁は教師にこのような自由を認めません。「君が代」を立って歌えという職務命令は間接的制約で、教師の思想の自由を侵害しているわけではないという。あなたたちが敬意を表したくないと思う国旗・国歌に対して、「立てぇ」「歌ったふりしろ」「歌えー」と敬意を表させようと強制しているかぎりで思想・良心の自由との問題が起きますが、「あなたたちの心の問題まで、思想の問題まで入っていってるんじゃない」と言っているわけです。千葉勝美判事は、ずっと最高裁の中核にいた裁判官です。千葉は、最高裁がなにをやっているか、きわめてわかりやすい補足意見を書いています。

象徴を大切だと思っている人にとって、大事なことはなにか。千葉補足意見は、「いちばん重要なことは、卒業式・入学式で『日の丸』『君が代』を尊重することなんです」と言っている。「みなさんが尊重する状態をつくっていることがいちばん重要なんだから、そこに反対する教師がいたって、その人たちを処分したってあんまり意味がないでしょう」という。一見、非常にリベラルなことを言っているように見えます。つまり、「だったら、処分しなけりゃいいじゃないか」と受け取られかねない。しかし、そんなことは全然言っていません。「尊重するのがいちばん大事なんですよ」ということは、異議を唱える人は、そこにいてはいけないいんです。研修をいくらやってもダメだ。そういう人たちがいるかぎりは、国家的象徴である「日の丸」「君が代」「天皇を大事にしましょう」とはならない。だから、「日の丸」「君が代」を尊重しているかどうかということだけが、裁判官の頭のなかで重要になります。そちら側から見れば不起立を選択せざるをえないかどうかは大事ではない。「『日の丸』『君が代』を尊重しないかぎりにおいて、あなたとわたしはちがうねえ」と、こういうふうに言ったんです。

千葉は『違憲審査』という本に判例理論を示す一枚の図を描いています。最高裁判所の判例理論を説明するものです（千葉『違憲審査』一三六頁）。

上のほうに「思想信条を制約・侵害する行為と合憲性の判断の関係図」と書いてあります。まんなかが「核となる思想信条等（歴史観等）」で、矢印があって、「直接制約する〝行為〟を命ずること」、これが直接制約で、「踏み絵を命じるなど歴史観的信条それ自体を否定する見解を表明させる等」がそれにあたる。そこからだんだん遠ざかっていく。「信条等に由来する〝行動〟とは相反する意味の〝行為〟を命じること」、その例として「本人の思想・信条からは否定的意味を持つが慣例上は儀礼的な行動を命じる職務命令等」と書いてあります。

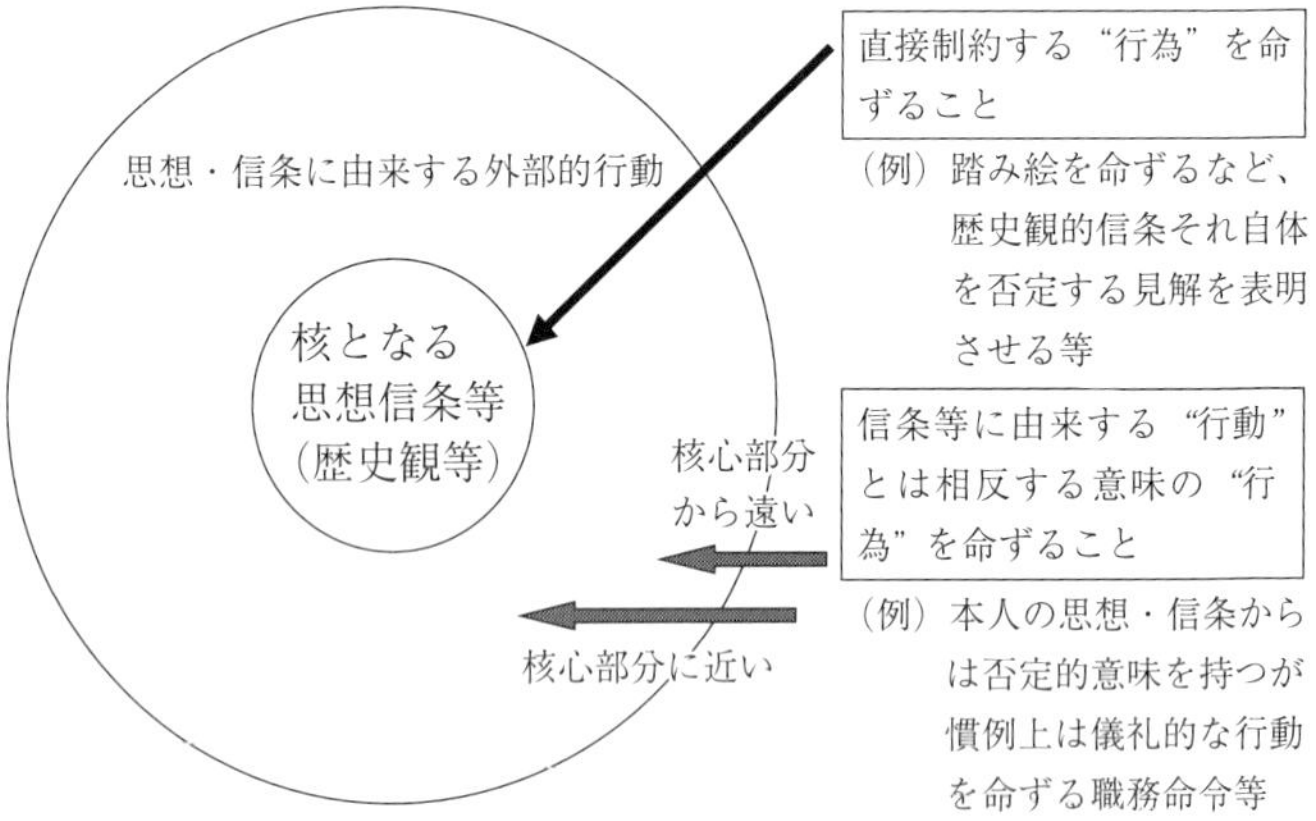

思想・信条を制約・侵害する行為と合憲性の判断の関係図

不起立の教師は、「本人の思想・信条からは否定的意味を持つが、慣例上は儀礼的な行動を命じる職務命令」ということで懲戒処分を受けましたが、これは「核心部分から遠い」と決めている。でも、いったい核心部分から近い遠いってどうやって決めているのか？　そこがいちばん大事なんです。ところが、彼が補足意見で説明したのは、「いちばん大事なことは、彼、彼女が核心部分において何を考えているかじゃなくて、その場において、国旗、国歌が尊重されることなんですよ」という。

そういう視点から見たときに、順位でいちばん遠いのは音楽の先生が職務上「君が代」をピアノ伴奏することだと言う。「君が代」のピアノ伴奏は、座っている行為よりもっと遠い。なぜか？　音楽の先生が楽曲の演奏をするのは職務じゃないかというわけです。しかし、それが誤りであることは、ピアノ伴奏訴訟において、二〇〇四年一一月一三日に最高裁判所に提出された、林光の意見陳述書が明確に指摘しているとおりです。

音楽といういとなみは、人の心から発して、人の心へととどけられて行くものでありま す。《音楽》はそのようなものとして、人間の歴史と同じくらい長い時間を生きてきたのです。その、途方もない長い時間のあいだ、音楽をあやつる技という、目に見え、機械で計れる《外面》と、この手で触ることのできない《内面》とは、けっして断ち切られることなく、互いに手を携えて歩んできました。その歩みが音楽の尊厳を伝えてきたのです。

こんにち、世界最高のすぐれた技術と深い精神性をそなえたピアニスト、マウリツィオ・ポリーニに向かって、キミの指さばきはキミの精神とは無関係だ、切り離してしまえなどとはだれも言えないとしたら、日本全国の、こどもたちが大好きで音楽が大好きな学校の先生たちに、あなたの指とあなたの心はべつべつのものですなどとはとても言えません。

音楽に生きるものにとって技と心はひとつです。（福岡『音楽は心で奏でたい』附録・林光「ピアノを弾く手」六九頁）

最高裁判所は、この意見を無視しました。厳粛な卒業式の儀式において「日の丸」「君が代」、つまり、国旗国歌が尊重されることがもっとも重要であるというわけです。

座っている自由を許しちゃったら、たしかに象徴には見えにくいですわねえ。子どもたちの心のなかに浸透はしづらいですもんね。「あっ、先生は座ってていいんだ。おれもそうしよう」という話になりますよねえ。「君が代」で座った教師を処分することで、「先生が罰せられるの。怖いわ。そうか、座ってると罰せられるんだ。世の中」と、子どもに教えている。そのうち、そんな「君が代」で座る先生もその場からいなくなれば、「日本は二千六百何十年の太古の昔からある皇国だ」という話になってくる。

4　裁判に希望はないのか

最高裁判所の判例法理のなかで、「核となる思想信条等」からいちばん外側にあると言われているピアノ伴奏、福岡陽子さんの訴訟があります。小法廷で決着がつきましたが、四対一でした。ということは、一人、反対した裁判官がいたわけです。核心の部分を突いた人が一人いたということです。

「日の丸」が好きなのか、「君が代」が好きなのか？　わたしは「君が代」が歌われているのが嫌じゃないよという人のなかにも、「君が代」を歌うことを強制するのはおかしいと思う人がいます。「『君が代』は嫌いじゃない。でも、生徒たちが卒業していくこの場で、強制して全員に歌わせる、歌えない人にも立てというような強制はけしからんのじゃないの」という思想は尊重する必要があるのではないかと言った裁判官がいるのです。

藤田宙靖という行政法学者で、二〇〇二年から二〇一〇年まで最高裁判所の裁判官でした。東北大学でわたしの同僚だった人です。この反対意見が、わたしたちの希望であり、象徴論からみて、いちばんの核心を突いていると思います。

本件において問題とされるべき上告人の「思想及び良心」としては、このように「『君が代』が果たしてきた役割に対する否定的評価という歴史観ないし世界観それ自体」もさることながら、それに加えて更に、「『君が代』の斉唱をめぐり、学校の入学式のような公的儀式の場で、公的機関が、参加者にその意思に反してでも一律に行動すべく強制することに対する否定的評価（従って、また、このような行動に自分は参加してはならないという信念ないし信条）といった側面が含まれている可能性があるのであり、また、後者の側面こそが、本件では重要なのではないかと考える。(6)

象徴というのは、究極的なものを指し示さなければいけない。無辜の民の首を平気で刎《は》ねて、それが皇国臣民、それがお国のためだとした。逆らえない人間をつくるために絶対必要なことは、子どもの段階でその象徴を植えつけることです。

しかし、「先生は座ってたよ」「あなたも座ってていいんだよ」「目立ちたくないから立つけど歌わない」。いろいろある。その自由を認めさせることができれば、ほんとうの意味でアマテラスから国民に主権が移るのです。

5 象徴に対する闘い

象徴論をふまえれば、いろいろな闘い方があることがわかります。

最近、憲法学者の蟻川恒正が、天皇の憲法解釈という視点から注目すべき提案をしています。[7] 曰く、

> 今日以降構想されるべき国民主権と天皇の制度との関係において、非国事行為の場面で天皇の制度を支える原理は、統治機関としての原理ではなく、「日本国民の総意」（憲法一条）に支えられる限りで認められる、天皇の地位にある個人が天皇の「務め」を遂行するに当たって行使する自由と責任の原理とすべきではないかと考える。（蟻川『憲法解釈権力』三〇四頁）

蟻川の提案は、立憲主義の責任原則を「個人」としての天皇にまで及ぼそうとしている点で

画期的であり、しかも統治機関によるものではないという意味で「私的」な「象徴」についての解釈が、国民一人ひとりとの関係で吟味されるべきだ、ということを問う点で注目されます。しかし、天皇自身が「象徴」のあり方を定義することで事態は改善するでしょうか。この点で忘れてはならないのは、「国民主権と天皇の制度」、つまり象徴天皇制について天皇自身が定義した、いわゆる「天皇の人間宣言」がどうなったかです。

一九四六年一月一日に、昭和天皇は、天皇と国民の関係について、次のように宣言しました。

朕と汝等国民との間の紐帯は、終始相互の信頼と敬愛とに依りて結ばれ、単なる神話と伝説とに依りて生ぜるものに非ず。天皇を以て現御神とし、且日本国民を以て他の民族に優越せる民族にして、延て世界を支配すべき運命を有すとの架空なる観念に基くものにも非ず。（小森『天皇の玉音放送』一八四・一八五頁）

当時、「天皇の人間宣言」を読んだ憲法学者美濃部達吉は、「人間宣言」の意義を、「天皇の地位が神意に基づくものではなくして、国民の総意に基づくものなることを言明」したと解釈しました（美濃部『新憲法概論』五七頁）。また、憲法学者宮澤俊義は、「この文書は、高天原の神々に対する天皇の離縁状または絶交状として注目される」と言いました（宮澤『憲法講話』三五頁）。

にもかかわらず、平成の天皇も今の天皇も、三種の神器にもとづいて即位し[8]、くわえて大嘗祭までやりました。離縁状と絶交状、どうなったのでしょうか。わたしたちは「天皇の人間宣言」に騙されたのではないでしょうか。

わたしは、日本国および日本国民の統合は、「非国民」を排除しないかたちで、「果しない波を渡りつくして」見つけていくしかないと思っています。

天皇象徴をあてにしてはなりません。蟻川の強調する「日本国民の総意に支えられる」非国事行為の中核にあるのが園遊会です。園遊会に在日韓国・朝鮮人が招かれることがほとんどないことほど、天皇象徴がはたす機能を明確に物語っているものはありません。天皇を無意識のレベルで（それが受動的容認であろうと積極的支持であろうと）受け入れる人びとだけが民族としての日本国民であり、受け入れることができない者は「非国民」であるのです。ですから、どうしても天皇象徴に対抗し、その影響力を打ち消す象徴が必要となってきます。

韓国の国民的詩人である尹東柱（ユン・トンジュ）の詩に、「序詩《ソシ》」という詩があります[9]。これが、カンタータ「脱出」とならんで、わたしが日本の「君が代」に対抗するものとして、大事にしている象徴です。尹東柱は、同志社大学に留学して、ハングルで詩を書いたというだけで投獄された。治安維持法違反で福岡刑務所に入れられ、殺されました。当時は、服役が終わっても、ハングルで詩を書くことをあきらめないかぎり、拘禁されつづけるという制度だったのです[10]。

福岡刑務所で獄死という運命をたどる尹東柱は、その運命を知っていたかのように、一九四一年一一月二〇日に「序詩」を書いています。これは、「非国民」としてしか生きられなかった彼の「人間宣言」であると思います。天皇ではなく、「非国民」の人間宣言に聞いていく。ここにだけ我々の闘いの希望がある。それがわたしの「個人的な見解」です。

原詩（尹『空と風と星と詩』一〇七頁）

서시

죽는 날까지 하늘을 우러러
한 점 부끄럼이 없기를
잎새에 이는 바람에도
나는 괴로와 했다
별을 노래하는 마음으로
모든 죽어 가는 것을
사랑해야지
그리고 나한테 주어진 길을
걸어가야겠다
오늘 밤에도 별이 바람에 스치운다

日本語訳（遠藤比呂通訳）

序詩

死ぬ日まで空を仰ぎ
一点の恥じもなきように
木の葉にそよぐ風にも
私の心は痛んだ
星を歌う心で
死に行くものみんなを
愛さなければ
そして私に与えられた道を
歩いていかねば
今夜も風が星を痛めつけている

閑話休題《それはさておき》4

象徴論としての政教分離――靖国懇と芦部信喜

憲法学者芦部信喜は、一九九九年六月一二日に、七五歳で他界しました。それから十九年後の、二〇一八年六月二七日、芦部の故郷である長野の信濃毎日新聞は、渡辺秀樹編集委員による「芦部信喜・平和への憲法学」と題した連載をはじめました。連載第一回目には、次のような趣旨説明が掲載されています。

芦部は、信州が生んだ戦後日本を代表する憲法学者である。その憲法観は戦争体験に裏打ちされている。一九五〇年代からの憲法改正論議の中で、戦争放棄と非武装をうたった九条を変えることなく、その理想に世界が少しでも近づけるよう日本が先導的役割を果たすことを説き続けた。日本国憲法は今再び、岐路に立つ。

ここでいう「戦争体験」とは、一九四三年一二月一日、芦部が二一歳のとき、大学入学後わずか二か月で陸軍金沢師団に入隊したことを指しています（同連載第五回）。一九四四年、「特別操縦見習士官」の一次試験の三人の合格者に入った芦部でしたが、視力の問題で不合格になります。「特別操縦見習士官」とは特攻隊要員のことです。このとき合格していれば、芦部は確実に戦死していたでしょう（同連載第六回）。

長野出身で特攻隊員となり、一九四五年五月一一日、沖縄県嘉手納沖で戦死した、二二歳の上原良司の手記には、次のような思いが載せられています。

自由の勝利は明白な事だと思います。（中略）権力主義全体主義の国家は一時的に隆盛であろうとも、必ずや最後には敗れる事は明白な事実です。我々はその真理を、今次世界大戦の枢軸国家において見る事が出来ると思います。（中略）こんな精神状態で征ったなら、もちろん死んでも何にもならないかも知れません。故に最初に述べたごとく、特別攻撃隊に選ばれた事を光栄に思っている次第です。（日本戦没学生記念会編『新版きけわだつみのこえ』一七—一九頁）

芦部が我々に遺した平和の礎は、この「わだつみのこえ」（戦没学生の手記）に耳を傾けるべきだという祈りでした（芦部信喜「学徒出陣」『法学教室』一五八号巻頭言、一九九三年）。

＊　＊　＊

わたしは二二歳のとき、憲法学の研究者になることを志して、芦部研究室の門を叩きました。そのとき、芦部は五九歳でした。「秀才」揃いといわれる東大法学部で、語り口のどこかに「どうだ、わたしは頭がいいだろう」という驕りが見え隠れする人群れのなかで（いつしかわたしもそういう錯覚に陥っていました）、事柄に即して誠実に静かに語る芦部の声が、わたしの魂に訴えかけてきたのです。そのとき以来、芦部はわたしの憲法学と人生の師となりました。

岩波書店の編集者川上隆志（当時）から、芦部とわたしに、岩波新書で「憲法訴訟のエッセンスについて、わかりやすく、市民むけの対談を」という提案があったのは、一九九三年の春のことです。「対談」とあるのは、弟子が先生にお考えをうかがうスタイルではなく、後進の憲法学者が先輩に忌憚のない意見をぶつけるということで面白みを出そうという、名物編集者川上の企画趣旨です。

渋る芦部を彼が口説き落として、一九九三年八月二七日、対談が岩波書店の地下会議室でおこなわれました。この日、集中豪雨でほとんどの交通機関が止まっていたにもかかわらず、定刻どおりに対談が開始できたのはいまから考えれば不思議です。

対談のふたを開けてみると、わたしは巌を前にしているような錯覚を感じました。芦部に稽古をつけてもらうつもりで疑問をぶつけましたが、わたしの問題意識を説明するまえに、逆に理解の浅さをやんわりと指摘され、たじたじとなってなにをしているのかわからないという状況になっていました。最後の質問が終わったときに、「もうすぐ終わる」と、ほっとしたことを覚えています。

最後に用意したのは、芦部が「閣僚の靖国神社公式参拝問題に関する懇談会」（通称「靖国懇」）のメンバーとなったことについての質問でした。端的にいえば、政治利用がなされる可能性が高い靖国懇になぜ入ったのかという挑発的な問いだったのです。

そのとき、穏やかだった芦部の態度が一変しました。あとにも先にも、芦部のこんな怖い姿は見たことがありません。

芦部が権力者に対し「ペテンにかけられたようなものでね」という、激しい怒りをあらわにした言葉は、いまでも耳に残っています。芦部の立憲主義を支えている激しいパッションを目の当たりにしたことは、わたしの生涯の大きな転機となりました。芦部の「平和への憲法学」の根底には、権力への不信のみならず、人間の命を犠牲にして積み重ねられる政治犯罪への激しい怒りがあることを知ったからです。それは、「わだつみ」となった同世代の命の犠牲を、「英霊」として政治利用することへの憤りでした。

* * *

一九八五年八月九日の靖国懇報告書には、「内閣総理大臣その他の国務大臣の靖国神社への公式参拝を実施する方途を検討すべきである」という結論が記載されています。この報告書の内容を「社会通念」として利用した当時の中曽根康弘内閣総理大臣は、同年八月一五日に「公式参拝」をおこなったのです。

しかし、上記報告書には、「異論」が明記され、そこには、芦部の次の意見が述べられていました。

靖国神社がかつて国家神道の一つの象徴的存在であり、戦争を推進する精神的支柱としての役割を果たしたことは否定できないために、多くの宗教団体をはじめとして、公式参拝に疑念を寄せる世論の声も相当あり、公式参拝が政治的・社会的な対立ないし混乱を引き起こす可能性は少なくない。これらを考え合わせると、靖国神社公式参拝は、政教分離原則の根幹にかかわるものであって、地鎮祭や葬儀・法要等と同一に論ずることのできないものがあり、国家と宗教との「過度のかかわり合い」に当たる、したがって、国の行う追悼行事としては、現在行われているものにとどめるべきである（後略）。（『ジュリスト』一九八五年一一月一〇日号一一二頁）

ここで芦部が展開しているのは、正しく、「象徴論としての政教分離」であると思います。第４講本文で述べたように、日本民族が唯一無比の優秀な民族だとして、その生存と繁栄を究極的関心とすれば、「英霊」「非国民」の区別なく、生命、真理、正義、人間性などのあらゆるものが犠牲になります。そのための象徴が「靖国」であったことはいうまでもありません。象徴は復活してはならないのです。

参拝を望む「社会通念」をつくり出すための強い圧力のなかで、芦部が「異論」を明記させたことは、靖国懇報告書の十二年後の一九九七年に、愛媛県知事が靖国神社へ公金を支出したことを憲法の政教分離原則に違反すると最高裁判所が判断する際、礎石となりました。

「非国民」とされた人びとの声に耳を傾けることがなによりも重要です。しかし、「英霊」として利用される寸前で生き残り、そのことの意義をのちの世代に伝えようとした人びとの声に耳を傾けることもまた、同じように重要なのだと思います。対談終了後、川上の行きつけの寿司屋で打ち上げをしました。まったく疲れをみせない芦部の姿と対照的に、疲労困憊で歩くのもやっとのわたしを見て川上が「どっちが年上なのかわからないね」とからかったことを思い出します。

注

(1) なお、清宮の象徴についての記述は、ケルゼン『一般国家学』五一〇頁の記述にもとづいている。「法理論は、人は、規範を定立する人間にではなく、規範にのみ服する、すなわち服従義務があることの認識を固守しなければならないが、それとちょうど同じ程度に、多くの人は、抽象的思惟を好まないので、感性的に知覚できる権威の象徴を必要とするように思われる。他のどのような作用よりも、この象徴作用に国家元首制度の意義が存する。元首は、君主の地位を伝統的に表現する外部的形式＝王冠、王笏、玉座、儀式などが、あくまでこの象徴作用を目的とすればするほど、元首のこの作用を、正に君主として、いっそう有効に実現することができる」。

(2) 一九二三年の関東大震災のとき、「御真影」を燃えさかる炎のなかから取り出そうとして多くの校長が命を失った。ドイツ人レーデラーは、この事態を目撃した同時代人として、以下の感想を述べている。「進歩的なサークルからはこのように危険な御真影は学校から遠ざけた方がよいという提議が起った。校長を焼死させるよりはむしろ写真を焼いた方がよいというようなことは全く問題にならなかった」（丸山

『日本の思想』三二頁)。

このとき消失した「御真影」は、一八八八年にイタリア人エドアルド・キョッソーネにより描かれた明治天皇の肖像を写真により複製したものである。肖像が描かれる前年に、明治憲法起草過程で主要な役割をはたした井上毅が、起草に関する質疑のなかで、「国王は国権の肖像(シンボル)なり」という言葉を使用していたことが、本文に述べたような象徴の機能の観点からみて注目される(多木『天皇の肖像』一五七頁以下)。

(3) 東京地方裁判所二〇〇一年七月一二日判決(『判例タイムズ』一〇六七号一一九頁)。劉氏の国家賠償請求には、二〇年の除斥期間の壁(民法七二四条後段)があった。しかし、東京地裁は、著しく正義、公平の理念に反するとして、除斥期間の適用を否定した。その際決め手にされたのは、一九五八年二月、劉氏から国に対し、国策として行った強制連行、強制労働とこれに由来する十三年の闘争生活についての損害の賠償の要求がなされた時点で、担当部局の行為によって劉氏に重大な被害を与えたことが明らかにされている公文書を作成していたにもかかわらず、その所在が不明との理由で、詳しい調査もせずに劉氏からの要求に応ぜず、その結果、劉氏を損害の賠償を得られないまま放置し、その後外務省報告書の存在が判明したことにより事実関係が明らかになり、本件の提訴にいたった事実経過である。

(4) 東京高等裁判所二〇〇五年六月二三日判決(『判例時報』一九〇四号八三頁)。

(5) 北村和生『判例評論』五六八号一八頁・二二頁は、この点について、以下のように分析する。「厳格に相互保証の有無を決定するためには、外国法との実質的な比較という作業が必要となる。(……)そのような作業を行うのは、実際にはきわめて困難であり、これを厳密に要求すると被害者にとっては著しく不利な結果になるであろう。そうすると、結局は外国で同様の事案が発生した場合わが国の国民が充分な救済を得られないことが明白な場合にのみ相互保証がないという、弾力的な解釈をとらざるを得ないのではないかと考えられる」。しかし、そもそも、日本の侵略責任を前提とする強制連行と同様な事案が、中国にあるのだろうか。

(6) 最高裁判所第三小法廷二〇〇七年二月二七日判決(民集六一巻一号二九一頁)藤田裁判官反対意見

（藤田『最高裁回想録』）。

（7）なお、和辻『国民統合の象徴』八五頁が「国民が一つの方向にその全体意志を決定すれば、それがそのまま天皇の意志として表現される」と主張していたことと、蟻川の主張は対照的である。

（8）皇位のしるしの宝物は、古代天皇制の確立とともに、天孫降臨の神話と結びつけられた。日本書紀・神代下には、「一書に曰く」として、皇祖神アマテラスが天孫ニニギノミコトに、「三種の宝物を賜ふ」という記述がある（村上『天皇の祭祀』二二頁）。

（9）尹東柱詩集・金時鐘編訳『空と風と星と詩』（岩波文庫、二〇一二年）。同書九頁に日本語訳が、一〇七頁に原詩が掲載されている。

（10）尹東柱は、一九四四年三月三一日に、京都地方裁判所により、朝鮮民族解放のため、朝鮮をして独立国家たらしめんと協議したことが、一九四一年改正治安維持法五条が規程する国体変革の目的遂行罪に該当するとして、懲役二年の実刑に処せられた。朝鮮独立運動が、「国体変革」だと拡大解釈されていたのである。尹東柱は、福岡刑務所に収監されたが、翌年二月一六日、薬物注射の投与により殺害された。改正治安維持法三九条は、刑の執行が終了しても「転向」しないかぎり、ひきつづき拘禁できる旨を規定していた。前掲注9所収・金時鐘「解説に代えて――尹東柱・生と詩の光芒」。治安維持法の制度とその運用については、奥平『治安維持法小史』二五一頁、および内田『治安維持法の教訓』四七六頁以下を参照。

第5講　人間とは何かを問う

1　生きることはとどまること

二〇一六年の五月三日にいわき市文化センターで憲法講演会をおこないました。そのときはお招きいただいたのですが、今日（二〇一九年一二月一四日）は無理にお願いしてやってきました。ぜひ、もう一度ここでお話をさせていただきたかった。

なぜもう一度いわきに来て、話をするのか。それは、いわきで憲法記念日の話をする前に、岩波書店が毎年出しているブックレット『3・11を心に刻んで』の二〇一五年版に文章を書いたことと関係します。

その後いわきに来たことや、吉野せいさんという方の本を読んだことによって、とんでもないことを書いてしまったと思うようになりました。これはちゃんと責任をとらないといけない。この責任は、とろうにもとりきれないところですが、しかしそのままにしてはもっといけない。そこで、今日の講演会開催をお願いしました。まず、二〇一五年にわたしが書いた文章を引用します。

氏は、日本国憲法二五条の生存権は、人間が人間らしく生きる権利をさだめたものであり、その実現のために、国際基準一ｍＳｖ／年を超えない地域への移住の権利を認めた「チェルノブイリ法」が制定されるべきだと訴えかけています。（遠藤「3・11を心に刻んで」『3・11を心に刻んで2015』七四頁）

わたしはこの箇所で、映画『フタバから遠く離れて』の監督船橋淳の主張を引用しています。断っておきますが、引用されている船橋の文章に問題があるわけではありません。船橋は、避難所生活を余儀なくされている人びとに焦点をあわせた記録映画を撮られている方です。上記主張は現場を知った者の当然の主張だと思います。問題は、引用するほうの問題です。つまりわたしの問題です。

この引用が問題なのは、いったん放射能に汚染されたら、その地域には住むことができないと無意識に決めつけているからです。もちろん、緊急に避難することは大事ですけれども、それしか考えないこと自体が、大きな問題を抱えていると、いわきに来て、みなさんと触れ合い、帰ってから気がついたのです。

わたしの教員時代の最初のゼミ生であり、震災当時いわき市役所に勤務されていた遠藤正則さんのお宅にごやっかいになり、遠藤さんが勤務していた小名浜のことをうかがいました。大阪に帰ってから、遠藤さんが贈ってくれた、吉野せいさんの『洟をたらした神』のなかにある「夢」というエッセイを読み、そのときの遠藤さんの話と重なり、はっとさせられました。吉野さんは農民作家です。この文章は一九七〇年代に書かれていますから、原発汚染を予測できたはずはないのですが、黙示録のような預言がなされていたのです。

その夜見たものはよく見る広い浜辺であった。その概景は確かに私の生まれ育った小名浜の海であることは、一里近い入口を抱えこむ両端の岬の形でおしはかれるのだが、あのさらさらした銀白の砂浜の色が不気味な暗褐色でじっとり湿りを含み、一すじの川らしい流れが黒々と布のように幅をひろげて海に続いている。これは小名川だなと私は夢の中で確認する。そのさきに灰色の海の波はのたうち、ねずみ木綿の空は僅かにはためいて覆いかぶさっているのだろうが、暗澹一色！　何か妙なぬくみを持つぬめる褐色の砂浜だけを眺めると、形の知れぬ幽鬼の踊り場にもふさわしいあやしい妖気をたちこめて迫ってくる。

（吉野『洟をたらした神』一七六頁）

その後、わたしの東北大学での最後の教え子であり、福島出身の花澤俊之弁護士が、「農地から放射性物質を取り除け」という訴訟を東電相手に闘っていることを知り、この疑問が反省に変わりました。吉野さんの文章を読んだわたしは、東京電力を相手に「土地に含まれる福島第一原子力発電所由来の放射性物質をすべて除去」することを所有権に基づく妨害排除として請求している原告の方々と花澤俊之弁護士の闘いの意味がわかったような気がしたのです（訴訟の内容と経緯は閑話休題5で述べます）。というのも、吉野さんの「夢」には次のような後半があるからです。

だが、ふと地面に目をつけて、私はうすい幾条かの生え出た植物の芽のようなものに気がついた。紛れもない陸稲の芽だ。くるりと葉を巻いて先を尖らし、ぽつぽつと地殻を突き破ってうす緑のさわやかな線を引いている。左を見ればその畝々は見通せないほど遠く、後を向けばはかり知れない幅を拡げ、右は茫々とさえぎるものもない畝間を揃えてひらけた一面の陸稲畑だ。褐色の砂浜はいつか雨水のひいた乾田に変わっている。（同書一七六頁）

「褐色の砂浜はいつか雨水のひいた乾田に変わ」るための闘いを、原告となった農民の方々と花澤弁護士はやっているのではないか。また、東日本大震災から二年後の二〇一三年三月一一日にいわき市民の方々によって提起された、国と東京電力相手の損害賠償請求も同じことではないか。

いわきの訴訟では、「放射性物質によって汚染されていない環境において平穏に生活する権利」が主張されています。平穏生活権は訴状でも触れられているとおり、「平和的生存権」なのです。

隣りの双葉もそうかもしれませんけれど、いわきで、あるいは福島で住む権利を諦める、そして大阪や広島に避難する、そういう生き方もあります。けれど、いちばん肝心なのは、原発過酷事故による放射能汚染によりいったん汚染された地域にとどまる権利が認められなければならないことなのだ、と。そこがなんとかならないかぎり、いったいこの原発の問題はどうやって解決できるのだろうかと根本的に考えざるをえない。

それを抜きにして、移住の権利のことだけ引用し、いわきで「憲法記念日講演」をしてしまった以上は、やはりわたしにとって考えるきっかけとなった「いわき」という場で、もう一回、いまどんなふうに考え、反省しているかということを聞いていただきたい。そして、率直なご意見をうかがいたい、そういうつもりでまいりました。

2　象徴天皇ではなく平和的生存権

本講は、日本国憲法一条の解釈をしようと思います。

しかし、その解釈とは、「こう解釈すれば日本国はよくなるし、我々がよくなっていく」という話ではありません。そうではなく、日本国憲法一条という条文はどう解釈したってろくなものではない、したがって日本国憲法一条ではなくて、日本国憲法の前文と九条を憲法の土台に据えなければならない、という話です。

平和的生存権は原発訴訟の請求の原因（訴訟を基礎づける法的根拠）になると思うのですが、

「全世界の国民が平和のうちに生存する権利」こそが、日本の社会を支えている法原則なのであって、それをわたしたちが忘れたとき、もはや責任のとれない事態になってしまうということをこれからお話しします。

吉野さんの夢の話は、小名浜、いわき、そしてもっと福島第一原発に近い村々が、この陸稲畑のように作物ができて、安心して生きることができる、そのことを諦めないでつづけていくこと、そういうビジョンを描いているように読めるのです。いわきで、畑を耕し野菜を作られている、いわき講演の主催者であった矢吹道徳さんたちの営みを拝見して、わたしはそのように反省させられました。

「とりあえず逃げる」というのはだれでも考える。人間として仕方がないことだと思います。けれども、いつまでも逃げることばかり考えていては、ほんとうにわたしたちの逃げる場所がなくなってしまいます。どこへ行ってもわたしたちは放射能から逃れることができない、そういう世界がすでにやってきているのです。

そういうなかでいわきの人たちが、吉野せいさんと同じようなビジョンを描いて生きていけることが、ほんとうの意味で原発との闘いではないか。それを諦めたら、どこに住んでいようと、わたしたちには希望がないのではないか、そういう厳しい問いかけを、わたしはいわきでされたように思います。

3　パウル・ティリッヒ

わたしがここでお話をしようと思ったきっかけは以上です。

誤解のないようにいっておきますが、いわきでなにかを教え諭そうとしてまいったわけではないことを申し添える必要があります。でなければ同じ過ちを繰り返すことになってしまいます。

わたしは、イギリスのケンブリッジというところにいたときに、プロテスタントの宣教師になろうと思い、東北大学に辞表を出しました。社会的に目覚めて、困った人たちのために頑張ろうとかではなくて、どこにたどり着くかは皆目わからないけれども、自分としては宣教師という道を与えられたと思ったのです。それはいまでもそう大きくは変わっていません。

しかし、遠藤のそのような考えが間違いだと言った人がいました。

いちばん信頼している東北大学の同僚の一人、柳父圀近さんです。彼は宮田光雄さんの後継で東北大の教授になった人ですが、マックス・ヴェーバーとパウル・ティリッヒの研究者です。この方が、「遠藤、俺も若いときは同じようなことを考えて大学を辞めようと思ったことがあるけれども、おまえは三十何歳になって、これだけ憲法の講義をやって、学生もいるのに、いまさら宣教師になるのはわがままだ」とおっしゃった。「間違いだ」ということを非常に真摯に説得してくれたのです。

柳父さんは、当時の法学部長でした。法学部長であるその柳父さんが、最後は諦めて辞表を受理し、教授会に諮ってくれました。教授会も辞職を認めた。そのとき、辞表を受理する条件として柳父さんに一つの約束をさせられました。

「でもおまえ、辞めて釜ヶ崎とかそういうところに行ったら、どうせ神学をやって宣教師になろうとかいうことは忘れるだろう。だけど一つだけ約束しろ、おまえは学者なんだから学問をつづけていけ。おまえみたいな思い込みをしてしまった人間が学問をつづけていくためにぜひとも読まねばならない人がいる。その人の研究をするということを、今日ここで約束しろ」

と言われて、約束をさせられた。

その人が、パウル・ティリッヒという人なんです。

パウル・ティリッヒは、二〇世紀最大のプロテスタント神学者で、一九三三年にドイツを追われてアメリカに渡り、ハーバード大学で教えた人です。ただ、少しでもプロテスタント神学をご存知の方は、ヒトラー暗殺計画に関係し、ドイツが負ける直前に死刑になったディートリッヒ・ボンヘッファー、あるいはスイスでナチス抵抗運動を指導したカール・バルトをご存知だと思いますが、ティリッヒは知らない人が多い。なぜかというと、とんでもない人だったからです。

神学も説教も素晴らしいけれども、死んでから十年くらいたったとき、ティリッヒのお連れ合いハンナ・ティリッヒが暴露本を書きました。「パウル・ティリッヒというやつは、こんなエロオヤジだった」、と。秘書が不倫相手だった、しかも性的倒錯嗜好があった（これは生前から有名だったのですけれど）。どれだけ給料をもらっても足りないくらい高いポルトワインが好き。仲間を集めては乱れたパーティーをやっていた。だから完全な逸脱者。ちょっと不倫してしまったというのではありません。

それも開き直ってずっと生きていた。だからドイツにいるあいだ、ヒトラーに追われる前は教会を離れて、説教もしなかった。ところが、アメリカでは生きていくために説教をした。アメリカの神学者は説教をしなければならないのです。彼の説教はほんとうに素晴らしい。自分は教会から追われた人間だという自覚があるので、押しつけがましくない。教会の外にいる人が外にいる人に向かって、しかも教会の説教壇から語っている。それがハーバード大学の教授なんですから、受けるわけです。

宗教には、囲い込みという側面があり、「わたしたちクリスチャンはこういうことを信じていますが、そうではないあなたたちは救われませんね」という感じが伴う。けれど、ティリッヒはいっさい、そういう囲い込みをしない。しないどころか、「自分みたいなやつでも絶対に救われるんだ」と、必死になって神学を考えた（深井『パウル・ティリッヒ』）。

それを知って余計にティリッヒを好きになって、「あぁ素晴らしい」と思いました。みなさんがどう評価されるかわかりませんが、わたし遠藤という人間はそういう人がとっても好きなんです。もしかしたら、柳父さんは、遠藤がハチャメチャなやつだと知っていたから、ティリッヒを勧めてくれたのかもしれません。

そういう人が、実は釜ヶ崎にもたくさんいらっしゃるんです。ただお金がないのでポルトワインは飲めず、缶酎ハイを飲んでいますけれど、たいした違いはありません。

性的に逸脱した、二〇世紀最大の神学者ティリッヒは何を明らかにしたのか。

4　宗教と象徴

柳父さんから「ティリッヒを読め」と言われましたが、その後十年くらい、その約束は忘れていました。

ところが、十年目に出会った二つの事件を通じて、ティリッヒに再会します。一つは、区分所有法の団地一括建替え決議をめぐる事件でした。建替えのために退去を迫られていた依頼者の亡夫が、プロテスタント思想の研究者だったのです。亡くなられたときの状態のままで書庫が保存されていたので、強制執行を受ける前に、大事な遺品のなかからティリッヒの主著『組織神学』の原本と、説教集三巻のうち、二冊を譲り受けました。

もう一つの事件は、韓国から日本に来てティリッヒのメッセージを通して、日本社会、とくに日本基督教団にある差別性を告発する仕事をつづけてきた牧師との出会いでした。事件のなかで牧師から、生きた言葉としてティリッヒを学ぶだけでなく、説教集の残りの一冊のほかたくさんの文献もいただきました。

ティリッヒが明らかにしたことは二つあります。一つは宗教とは何か。もう一つは象徴とは何かです。後者が、ティリッヒの最大の功績だと思います（第4講参照）。

まず、ティリッヒのいう、宗教とは何かについてです。これは、宗教というのは科学や道徳のある分野ではなくて、人間がなんの留保もなく、全身全霊を捧げてコミットする事柄が宗教であり、そして同時にその事柄がコミットする人に対してすべてを要求するのだ、と。宗教とはある分野ではなくて、深さなのだ、と。

宗教の典型例としてイメージされているのは、ユダヤ、キリスト、イスラム教の「汝の魂と思いと心を尽くして神を愛せよ」という掟です。これがティリッヒのモデルになっています。しかし、コミットの対象は、ある人にとっては息子、ある人にとっては愛人、ある人にとってはポルトワイン、ある人にとっては覚醒剤、ある人にとっては国家であり、神と呼ばれるものにはかぎられない点を、彼は明らかにしました。

その人に究極的なコミット（ティリッヒは、「コンサーン（concern かかわり）」という言葉を使います）を求め、日常生活まで支配する宗教として、ティリッヒがいちばん恐ろしいというのは、国民国家＝民族でした。国家が神となって人にすべてを要求し、そしてすべてを奪う。国民国家は、なんと言っても偽物の神ですから、ろくなことにはならない。その「神」にしたがわないものは内側では特高警察に捕まってぶん殴られて虐殺されるし、外側ではほかの民族を否定し侵略国家となるだけでなく、虐殺までしてしまう。

ティリッヒが明らかにしたもう一つのことは象徴です。人間が、なぜ象徴というものを必要とするか。象徴は「サイン」、つまり信号とは違う。たとえば平和の象徴として「オリーブをくわえた鳩」がありますが、究極的な事柄は象徴を使わないと表せない。その意味で、取り替えが効かない。しかも、その象徴自体がその究極的な事柄の一部分なのだから歴史的に廃れたり興ったりすることはあっても、その象徴が「今日からこの象徴やめましょう」「今日からこの象徴にしましょう」というようには、ひっくり返せない。わたしたちに、象徴というものの素晴らしさと恐ろしさを教えてくれました。

ティリッヒ自身は神と宗教をこんなふうに言っています。

自分が小さいころ、牧師の息子として大事にしてきたキリスト教の信仰はすべて信じられなくなった。

彼は、従軍牧師として第一次世界大戦に参加したのです。塹壕のなかで自分以外の人はほとんど死んでしまった。イエス・キリストの復活とキリストを信じる者の復活を信じるのがキリスト教ですが、その死体を見たときに、目の前で亡くなったこの人たちが復活することはとても信じられないという絶望に陥ります。戦争から戻ってくると、奥さんと別の男性とのあいだに子どもまでできてしまっていた。アルコールに依存し、彼はそのとき身についた性癖から死ぬまで解放されない。自分が知っていた神、自分を救ってくれる古き良き事柄、そういったものがことごとくだめになってしまったとき、自分が死のうとしている、自死しようとしているその瞬間に、「それにもかかわらず自分を支えているものがある」「自分に生きる勇気を与えている何かがある」、それが自分にとっての神である、と。

『生きる勇気』（平凡社ライブラリー、一九九五年）という有名な本にそういうことを書いています。アメリカでは空港でも売っているほどのベストセラーで、ティリッヒは大衆にも人気がありました(1)。

5 象徴としての村上文学

ティリッヒが懸念したことは、日本刀をもちいて中国のなんの罪もない捕虜の首を斬るというかたちで現実化していました。これが日本の兵隊の通過儀礼だったのです。このことを、作家村上春樹は「猫を棄てる」というエッセイに書きました（『文藝春秋』二〇一九年六月号収載）。

いずれにせよその父の回想は、軍刀で人の首をはねられる残忍な光景は、言うまでもなく幼い僕の心に強烈に焼きつけられることになった。ひとつの情景として、更に言うならひとつの疑似体験として。言い換えれば、父の心に長いあいだ重くのしかかってきたものを

——現代の用語を借りればトラウマを——息子である僕が部分的に継承したということになるだろう。人の心の繋がりというのはそういうものだし、また歴史というのもそういうものなのだ。その本質は〈引き継ぎ〉という行為、あるいは儀式の中にある。その内容がどのように不快な、目を背けたくなるようなことであれ、人はそれを自らの一部として引き受けなくてはならない。もしそうでなければ、歴史というものの意味がどこにあるだろう？（同誌二五三―二五四頁）

自分はそういう話を父親から聞いた、そしてそれを語り継ぐことが自分の使命である、と。村上の長編作品としてはいちばん新しい『騎士団長殺し』と、一九九五年の『ねじまき鳥クロニクル』で、文学でしか表せない、日本がおこなった虐殺を、彼は描いていました。

村上文学のすごいところは、そういう残虐な行為をした人も英霊でもなければ、悪魔でもない、普通のただの人間だと描いていることだと思います。わたしやあなたといったような、ただの人間が、中国に行った軍隊のなかでこういうことをしたと、文学を通して表現した。

わたしは二つの作品を読んだときに、まさにそのために書かれたものだと思いましたが、村上がほんとうにそういう意図で書いたのか自信はありませんでした。しかし、二〇一九年六月号の『文藝春秋』に掲載されたエッセイを読んで、この解釈もあながち間違いではないと思いました。

なにが言いたいかというと、最初に予告した日本国憲法の話です。究極的な事柄は象徴としてしか表現できない。もうお気づきだと思いますけれど日本国憲法の条文にも象徴という言葉が出てまいります。「天皇は日本国及び日本国民統合の象徴であってその地位は主権の存する国民の総意に基づく」。第一条です。

たしかに、天皇が象徴であると書かれている。天皇が、大日本帝国と自称していた時代に、宗教として究極的な事柄になり、国民一人ひとりの生活を支配した。そういった戦前の歴史を前提に、しかし象徴天皇制というかたちで国民主権と矛盾しないように第一条ができた。日本国憲法の講義では、そう教えます。わたしもそのように思っていました。

しかし、ティリッヒを学ぶと、「わたしは『日本国及び日本国民統合の象徴としての天皇』とは思えません、思いたくありません」という人の自由はどうなるのでしょうかという疑問が生じます。「総意」と書いてありますが、「日本国及び日本国民統合の象徴としての天皇」ということを思えない人、たとえば首を切られた人の子孫たち。一九一〇年に韓国併合条約が結ばれたけれど、天皇は侵略者だと考えている人たち。そういう人たちに、天皇が象徴だと思えるはずはないでしょう。

侵略や残虐行為だけの問題ではありません。非常に大事なことの一つに、大嘗祭（二〇一九年一一月一四、一五日）という儀式があります。戦争に敗けて日本国憲法ができて、天皇が人間宣言したときに高天ヶ原の神々との離縁状を書いたはずでした。日本の統治権は天照大神の神勅によってその子孫代々から与えられることで正統化されていた、そういった話とさよならをしたということなので、離縁状を書いたのだ、と憲法学者の宮澤俊義は考えた。

ところが大嘗祭（二〇一九年以外に一九九〇年にもおこなわれました）によって天照大神と一体となって新しい天皇となるという儀式をおこなう、しかも公費を使っておこなう。大嘗祭は男性によってしかおこなわれず、女性天皇は拒まれている。

わたしたちの国が、日本国憲法の解釈としてこの象徴天皇制をもつ危険性を、もう少し真面目に考える必要があります。そのとき大事になるのが先のティリッヒなのです。「象徴天皇制」、あるいは「日の丸・君が代」に反対する、これも大事です。だからわたしは元号を使わないということもある。そうした立場はいろいろあるでしょうけれど、もっと大事なことがある。

象徴というのは、あるのです。天皇制は簡単にはなくなりません。日の丸・君が代も国歌国旗法で定められています。そして元号法もあります。

問題はそこだけではなくて、天皇が究極的な物事を表す象徴とならないように、我々が逆の象徴をもつことです。象徴天皇を解体していく象徴をもちつづけていくことが、もっと大事なことではないでしょうか。

わたしがここでみなさんに村上春樹の『騎士団長殺し』という文学作品をご紹介したいと思ったのは、この作品が実は、天皇が象徴という名の神になってわたしたちの魂のなかに浸透し、支配することのないようにするための安全弁だからです。

少なくとも、村上文学を深く読んでいる人は、究極的なコミットメントを求める象徴天皇に対する抗体をつくりやすい。だからこそ村上文学に対しては、右翼的な人たちが批判する。その人たちが、彼の作品にある破壊的な意義をよく「わかる」からだと思います。韓国で全作品が翻訳され、たいへん読まれている。空港のスタンドの本棚に半分くらい村上作品が置かれている。もちろん日本のほかの作家や、推理小説も読まれていますが。なぜ、村上春樹なのか。

それは彼が、とくにに中国や韓国の人に対して最初の作品から繊細さをもって、日本の人たちが気づかないでしている差別、表してしまっている差別意識をずっとていねいにえぐり出すようにして書いているからだと思います。ですから、「こういう日本の作家がいるんだ」というカタルシス、喜びを感じているのではないでしょうか。韓国から日本に来て三十年になるわたしの連れ合いも村上春樹の読者です。

『騎士団長殺し』という作品はモーツァルトのオペラ『ドン・ジョヴァンニ』を題材としていますが、二つの話がこの小説で重要なものとして登場します。一つは、日本の画家がウィーンに留学して、ナチスの高官を暗殺する計画に巻き込まれ、自分の仲間はみなゲシュタポに捕まってしまうが自分一人だけ逃げ帰ってきた。その逃げ帰った画家が西洋画にかわって、日本画を描くようになった。

そして、もう一つは、画家の弟が戦争から帰ってきて遺書を遺して自殺してしまうという話です。弟の遺書に書いてあることは、村上が実際に父親から実話として受け取った、中国の人たちを日本刀で首を切って殺害したということです。

この小説のなかで「顔のない男」という象徴をもちいた。村上は、我々が文学でしかとどかない世界を開いてくれようとしている。「顔のない男」とはこの物語に道開人として出てくるが、主人公である肖像画家に顔がないにもかかわらず肖像を描くことを求める。主人公はもちろん描くことができない。この「描けない肖像画を描く」ということは、実はアウシュヴィッツで死んでいった子どもたちの姿を描きたいという、実話にもとづく肖像画家の話（『トレブリンカの反乱』）から出てくる。

村上がここで描こうとしているのは虐殺されていった一人ひとりの命、その人たちの肖像画を書いていくこと、それが「顔のない男」の肖像画を描くということであり、文学の意義であるということです。

わたしたちが象徴を使って表さねばならない、虐殺されていく、中国やアウシュヴィッツの人たちの肖像画を描くという行為こそ、**一人ひとりがかけがえのない命を大切にすることなのではないでしょうか。そういう社会を築いていくために必要な象徴、それを彼は『騎士団長殺し』のなかで書いている。**だからこそ、自分が父親から受け取ったメッセージを平成から令和への文藝春秋「代替わり号」に「猫を棄てる」という手記のかたちで書くことができたのだと、わたしは思います。

『騎士団長殺し』のなかでは、最後に主人公が暗闇の世界に入り込んでいきますが、そこで化け物に追いかけられます。その化け物は「ダブル・メタファー」。ジョージ・オーウェルの『一九八四年』という作品に出てくる、ダブル・シンク、二重思考がモチーフになっています。「ダブル・シンク」（二重思考）は、人間は個人的記憶と集合的記憶によって成り立っているということから出発します。個人的記憶は、遠藤という個人の歴史、個人の記憶。集合的記憶は「いわきではどんなことが起きてきたか」「日本ではどんなことが起きてきたか」「あの時代はこうだった」という歴史です。

人間は、この個人的記憶と集合的記憶が両方あわさってはじめて人格が形成される。そこでこの「ダブル・シンク」の恐ろしさは、「南京大虐殺はなかった」「アウシュヴィッツはなかった」「従軍慰安婦はなかった」といったことだけではなく、それにあわせて、個人の記憶を変えてしまう歴史の改ざんがおこなわれることです。村上はこの集合的記憶の改ざんによる個人的記憶の改ざんとずっと闘ってきました。

あれだけたくさんの人が戦争にいきました。なのに、わたしがこれまで聞いたかぎりでは、中国の人の首を切って苦しんでいることを伝えた人は三人しかいません。一人は村上春樹の父親。そして長崎の本島等元市長。彼は、昭和天皇に戦争責任があると言って右翼に撃たれましたが、九死に一生を得ました。士官学校で教員として中国人の首を切ることを教えた、そういう記憶をもっていた。もう一人は、釜ヶ崎で野宿している人。わたしの連れ合いが「自分は首を切った」とその人から聞いた。

ほんとうは多くの人がそういう記憶をもっているのではないでしょうか。語らなかったか、語れなかったか。語れば仲間から名誉毀損だと訴えられる可能性もある。実際、大江健三郎の『沖縄ノート』事件では「集団自決」という名の虐殺事件について訴訟が起こった。(2)

語りにくい社会ではあったと思いますが、わたしたちのこの社会が、わたしたちがいちばん憶えていなければならない集合的記憶について、都合の悪いことを改ざんするだけではなく、それを個人的記憶のなかで抹殺させる、すり替えるというところまで、わたしたちは飼いならされています。そういった統治の象徴が、まさに「日本国及び日本国民統合の象徴」ですけれど、それに対してわたしたちには村上文学があるのです。

6 憲法訴訟としての教科書裁判

文学はもっとも根源的なところを問題にしていますが、訴訟は根源的な問題とは縁がないのでしょうか。そんなことはないと思います。村上春樹が南京大虐殺を書けたのは、家永三郎という歴史学者が三回の憲法訴訟をして勝ち取った成果があるからです。

文部省は南京大虐殺について修正意見を家永日本史教科書に対して出した。あれは南京に日本軍が入城したときだけに突然起こった話であって、組織的におこなわれたのではない、と。第三次訴訟で確定したのは、家永日本史教科書の記述に間違いはなく、当時の学説に沿えば修

正意見のほうが間違いであるということでした。(3)

家永が言ったように、虐殺は組織的な問題でした。その勝ち取った記述が大切なんじゃないか。その記述があるからこそ、村上がなんの話をしているのか読者がわかる。

裁判所が、当時の学説にもとづいて教科書の記述が正しいとしたので、集合的記憶の改ざんを図る側は、こんどは我々も教科書をつくろうじゃないか、大学の日本史の先生を集めて学説を変えてしまえばいい、そうすれば日本は清く美しく悪いことをしなかった国なのだと教科書に書けるじゃないかとなった。その教科書を学校ごとではなく、教育委員会ごとに採用させていこう。その運動の中心にいた政治家が、前総理大臣の安倍晋三です。

7　国民国家と「自然権」

天皇象徴への対抗の問題と同じように大切なことが、国民国家の偶像化を防ぐことです。そこで、次に、国民国家が誕生したまさにそのときにこの危険を察知し、国民国家の脱宗教化の道を示したホッブズについてみておきたいと思います。(4)

一七世紀半ば、国民国家体制が確立していきました。国民国家体制は、一六四八年のウエストファリア条約にもとづいていたこともあり、しばしばウエストファリア体制と呼ばれます。この時期、国民国家を正当化するとともに、批判の組上に載せる政治思想が百花繚乱のごとく出現しました。そのなかで条約締結三年後の一六五一年にロンドンで出版されたホッブズの『リヴァイアサン』が重要です。

なぜなら、それ以前には、国家について語るものは、神の付与した自然法（理性を経験のなかで行使すれば認識可能であると考えられた）に依拠せざるをえませんでしたが、ホッブズ以降だれでも認めざるをえない「自然権」を出発点とすることが可能となったからです。「神の自然法」から解放された、「近代」国家概念の誕生です。

ホッブズは、「自然権」＝すべての人びとの前で擁護される最小限の要求＝身体と生命の保存への要求によって、絶対的に正当化されない最大限の要求＝ほかのすべての人びとに対する勝利の要求、を制限しようとしました。彼には、暴力による死は最大の悪であるという前提があったのです。

ホッブズにとって、国家の崇高の目的（たとえばキリスト教の宣教）は問題ではなく、国家はただ「平和」（暴力による死を避けること）のために存在します。国家の実態をその諸要素に還元して認識することも、それ自体が目的なのではなく、それらの要素を組み合わせて、「平和」を達成する国家を制作するためのものでした。この意味で、ホッブズ政治学は、技術者のための工学に似ています。

この「自然権」は何によって導かれているのでしょうか。それは、人間の利己心と死の恐怖でした。理性は本質的に無能力であるという洞察から出発したホッブズは、理性の代わりに利己心と恐怖により支持される意志に依拠しました。人が人を支配する権限の問題を、主権（命令する意志）の問題として考え抜いたホッブズは、万人の万人に対する闘争をあってはならない自然状態として措定し、自然権から生じる人工的で万能の意志をその処方箋として示したのです。

近代国家論が誕生したとき、ホッブズは聖書的象徴をもちいて、国家を「レヴァイアサン」と名づけました。ここで肝心なことは、教会権力と世俗権力が明確に区別され、世俗権力たる国家は「不死なる唯一の神のもとで平和と防衛のために存在する可死の神」であったことです。可死であるとは、内外の脆い平衡状態において存在し、挫折しうるものだということです。精神的なものと現世的なものとのあいだに明確な区別がありました。これがなくなってしまえば、我々の気息は断たれてしまうと、ホッブズは考えたのです。

8 主権＝例外状態における決断

ところが、ホッブズによって導入された教会権力と世俗権力の区別が、ワイマール・ドイツ期の一九二二年に『政治神学』を著したカール・シュミットによって打ち砕かれてしまいます。『政治神学』は、「主権者とは、例外状態について決断を下す者である」という主張からはじまりますが、なぜ「例外状態」が重要なのか。シュミットはこう言います。

現代国家理論の重要概念は、すべて世俗化された神学概念である。（中略）例外状況は、法律学にとって、神学にとっての奇蹟と類似の意味をもつ。（シュミット『政治神学』四九頁）

理性を重視するようになった神学が、神の直接介入である奇蹟を否定したように、近代的な法治国家は、実効的な法秩序への主権者の直接介入を退けました。シュミットはそれを批判し、奇蹟＝例外状態を復権させたのです。

例外状態の復権によって彼が主張したことは、国民（民族）が、例外状態（典型的には戦争）において、殲滅すべき「敵」と「友」を区別することが、主権者の決断の内容であり、その決断は指導者への拍手喝采のなかで現されるということでした。

実際、ドイツ国民（民族）は、ドイツ・キリスト教の名において、福音の「敵」ユダヤ人を殲滅する対象に選び、ヒトラーへの拍手喝采によって殲滅の決断をおこないました。シュミットがナチスのイデオローグであり、ホロコースト（大虐殺）を正当化したのは、この消息によります。

殲滅すべき「敵」と名指されたユダヤ人の一人、ユダヤ教のラビでもある、神学・哲学者ヤーコブ・タウベスは、戦後、シュミットに対して次のような手紙を送りました。

わたしにとってユダヤ教的にもキリスト教的にも最も重要な政治神学、すなわちローマ書九〜一一について、あなたとお話しできるときがいずれ来ることでしょう。ローマ書九〜一一では「敵」という言葉が、それも絶対的な意味で用いられています。しかしながら、それは――この点がわたしにとって決定的な点のなかでも最も決定的なことですが――「愛される」という言葉によって補強されてのことです。（タウベス『パウロの政治神学』三四九頁）

福音＝教会（シュミットはカトリック教徒。そしてヒトラーも）の世界で「敵」とされることと、人間どうしのつながりの場所である世俗の世界で「愛される」ことは矛盾しないのだという区別こそ、「主権」が安全に行使される条件なのです。

9 「自然権」と憲法訴訟

最後に、「自然権」により、「主権」と闘っている現代の人びとを紹介することで、本講の結びとしたいと思います。

7節で触れたように、わたしたちが生きる近代国家は、各人の自然権＝身体と生命への保存への要求を満たすために存在しています。日本国憲法もまた、「全世界の国民が、ひとしく恐怖と欠乏から免かれ、平和のうちに生存する権利」と規定しています。「平和的生存権」の意義については、長沼ナイキ基地訴訟の福島重雄裁判長による札幌地裁判決（一九七三年九月七日）が決定的に重要であると思います。

同法〔森林法〕第三章第一節の保安林制度の目的も、たんに同法第二五条第一項各号に列挙された個個の目的にだけ限定して解すべきではなく、（中略）憲法の基本原理である民主主義、基本的人権尊重主義、平和主義の実現のために地域住民の「平和のうちに生存する権利」（憲法前文）すなわち平和的生存権を保護しようとしているものと解するのが正当である。(5)

「平和的生存権」は、「全世界の国民」の「自然権」ですが、国民国家における「国民の生存権」として常備軍の廃止が導かれ（丸山眞男）、さらに「地域住民」の具体的権利として、司法による救済を受ける権利となっていく構造を有しています。「平和」は国家の政策プログラムであるだけではなく、「地域住民」の権利なのだということが明らかにされました。「地域住民」にとり権利が侵害されるのは、長沼町の森林が伐採され洪水の危険に晒されることと同様に、ナイキミサイルやレーダー等がまず攻撃の第一目標になるという危険があることによります。

「平和」はこのような権利の積み重ねとして守られるのです。

福島裁判官の考えは、上訴審を担当した裁判官には受け入れられませんでした。しかし、「地域住民」の法的権利の範囲は拡大しつづけ、二〇〇五年の小田急高架化事業認可取消請求訴訟最高裁判決の藤田宙靖裁判官の補足意見にまでたどりつきました。

生命・健康等の享受について国民に与えられた憲法上の保障（人格権）を併せ考えるならば、行政庁が、少なくともこれらの利益に対する重大な侵害のリスクから周辺住民を保護すべき義務〔「リスクからの保護義務」〕を負わされているものと考えることは、決して無理な推論とは言えないように思われる。(6)

原発過酷事故による平穏生活権の侵害についても、放射性物質の生活への影響が全般的に除去されないかぎり継続するので、高度のリスクからの保護義務を課せさせるはずです。所有権に基づく妨害排除として、放射性物質の除去を求める訴訟の意義は、リスク保護義務を行政庁だけでなく、事業者である東京電力に負わせつづけることにあります。

逆に、妨害排除請求権が認められなければ、過酷事故を起こした者が責任を免れるだけでなく、放射性物質の除去が、それを「支配」する農民の「自力救済」＝責任にされてしまいます。

拡散された放射性物質を「支配」することは人類には不可能だからこそ、拡散させた者の責任が永遠に問われなければならないはずです。この意味で、福島の「地域住民」の「平和」の侵害は、日本社会の成員（領域居住者）の「平和」の侵害であり、ひいては生まれ来る子どもたちを含めた全世界の国民の「平和」の侵害なのです。闘いをつづけているみなさんに、最後に、大江健三郎の言葉を贈らせていただきます。

私のなかで母親の言葉が、はじめて謎でなくなる。小さなものらに、老人は答えたい、私は生き直すことができない。しかし私らは生き直すことができる。（大江『晩年様式集』三三一頁）

閑話休題《それはさておき》5　所有権に基づく妨害排除請求——現代における憲法訴訟

第5講本文で紹介したように、花澤俊之弁護士らが代理人となって、東京電力に対し「原発事故前の放射性物質のない農地」の回復を求める訴訟が継続中です。拡散された放射性物質を「支配」することは人類には不可能だからこそ、それが可能となる日まで、拡散させた者の責任が問われつづけなければならないという意味で、ほんとうに大事な裁判だと思います。

閑話休題5では訴訟の経緯を紹介しながら、この闘いの「憲法訴訟」としての意義について考えたいと思います。

＊　＊　＊

福島第一原発過酷事故の結果、福島の米はそれまでのようには売れなくなりました。農家の収入は激減しました。くわえて、農民にとっては、「安心・安全」な米作りを回復させることがなによりも大切でした。原告となった人びと（福島県内の二本松市、大玉村、郡山市、白河市、猪苗代町）が東京電力に求めたのは、①放射性物質の分離除去、それができないのであれば、②放射性セシウム137の農地含有量の低減、それもできないのであれば、③農地表面の三〇cmの土を除去し、一〇cmの耕盤層を造成したうえで、セシウム137含有量が低い土の客土を二〇cm以上行え、というものでした。

二〇一七年四月一四日、福島地裁郡山支部は、上記①〜③は、請求の内容が特定していないから、訴え自体が不適法だという判決を下しました。たしかに、行為（作為）の内容が特定していなければ、強制執行をすることはできません。①②については、現在の科学では、特定がなかなかできないかもしれません。しかし、③については事情がちがいます。というのも、農地表面の三〇cmの土を除去し客土をするという方法（客土工）は、富山のイタイイタイ病対策としておこなわれた土地改良事業で実施されており、じゅうぶん特定ができるからです。

二〇一八年三月二二日の仙台高裁判決もこの理を認め、客土工は実務上確立されている一般的農業土木工事の工法であり、作為が命じられる東京電力にとって特定されているという判断を示しました。③について振り出しに戻り、郡山支部ではなく、福島地裁の本庁に差し戻されることになりました。

二〇一九年一〇月一五日、福島地裁は、③の請求（特定性を強化するために若干の内容の変更がありましたが省略します）を棄却し、その理由として要約すると次のように述べました。本件においては、いったん土地に付着した放射性物質は、現時点での技術によって分離除去が不可能だから、東京電力が管理（支配）できる状況にあるとは言えない。むしろ、本件事故由来放射性物質は本件各土地と同化してその構成部分となっているため、農民らの土地所有権の排他的支配の下にある。裁判官の思考を端的に表した文章です。四つの文により構成されています。

ア　いったん土地に付着した放射性物質は、現時点での技術によって分離除去が不可能である。

イ　東京電力が管理（支配）できる状況にあるとは言えない。

ウ　本件事故由来放射性物質は本件土地と同化してその構成部分となっている。

エ　農民らの土地所有権の排他的支配の下にある。

（ア）は、東京電力に対しては免罪符（イ）となり、農民に対しては呪い札（エ）となっています。（ア）からは、必然的に（イ）も（エ）も出てきません。決め手となったのは、（ウ）＝「同化」したということです。なぜ「同化」したと言えるのか。理由は書かれていません。理由のない判断は、「理由不備」といって法の世界で通用しないはずです。

＊　＊　＊

花澤弁護士らは、この判決を不服として控訴しました。

二〇二〇年九月一五日、仙台高裁は、控訴を棄却する一方、「本件事故由来放射性物質は本件各土地と同化してその構成部分となっているため、農民らの土地所有権の排他的支配の下にある」という部分を取り消しました。花澤弁護士らの主張を一部認めたのです。

控訴審において花澤弁護士らは、一審判決の論理の矛盾を指摘するだけでなく、現在の科学技術のもとでも分離除去方法（浮上分離工法）があることを主張しました。

仙台高裁は、浮上分離工法が有効な分離除去方法であるとは認めませんでしたが、「現時点において」技術が確立していないから、分離除去請求は認められないとしました。放射性物質が分離できないからといって、土地に「同化」するわけではないとしたのです。

農民の排他的支配下に入るわけではなく、分離除去方法が確立され次第、東京電力に除去を請求できるという論理です。差戻一審判決とちがい、この点については、常識にかなった判決だと思います。しかし、放射性物質が「農民らの土地所有権の排他的支配の下にある」という呪いは、単に一裁判所の判断であるのみならず、我々の社会の実定法の根幹（法的安定性）となりつつあります。

というのも、過酷事故後設定された農地における放射性セシウム濃度の基準値五〇〇〇ベクレル／kgを下回れば、除染（客土）の対象からはずれるからです。この基準値は、事故前の最高値（チェルノブイリ事故の影響）四〇ベクレル／kgの一〇〇倍以上です。「安心・安全」の米作りからはほど遠い。だから、せめて五〇ベクレル／kg以下に低減させることを、農民らは求めたのです（上記②）。時間の経過とともに放射性セシウム濃度は五〇〇〇ベクレル／kgを下回り、多くの農地が基準値以下の線量となりました。それ以下の放射性物質は農地に「同化」しつづけています。

花澤弁護士らの闘いは、「同化」の流れに掉ささず、我々の社会を支える倫理的法原則である平和的生存権の侵害を、放射性物質除去責任を本来負うべき東京電力に突きつけつづけるという意味で（所有権に基づく妨害排除請求は、妨害の事実がつづくかぎり、時効にかかることはありません）、現代におけるもっとも重要な「憲法訴訟」の一つだと思います。

注

（1）なお、本論との関係で、江藤祥平『近代立憲主義と他者』一五五頁の以下の指摘が重要である。「ここに『聖なる天蓋』とは、個人の全経験をすっぽりと包み込んで、すべてを究極的に意味づける象徴体系のことをいう。それはある時は、『神』、またある時は『父』と呼ばれる。ところが近代憲法学は、この『聖なる天蓋』を否認するところに始まる。なぜなら、世界の意味を最終的に確定する『父』の権威を認めることは、近代立憲主義の核心にある『自律』の観念と抵触するからである」。

江藤は、近代立憲主義において不在の「他者」の回復を、父のような「絶対的」な他者ではなく、「母」のイメージを想起させる「個人的な他者」の発見によっておこなうことを企図している。この文脈において、村上春樹の文学世界の特徴を「聖なる天蓋＝父なるもの」の不在にみる内田樹の主張を肯定的に引用する（同書一七〇頁）。江藤の著作において留保された「天皇という他者への無限責任への転化」の危険性の問題（同書三六五頁）が、本書の主たる関心事である。なお、わたしが、江藤の著作と切り結ぶ責任があることに気づいたのは、小泉良幸「憲法13条論の現在」『憲法研究』第四号三一頁（二〇一九年）の「『語りかけ』＝『応える』再帰的で反復的な過程は、人権の普遍主義的な理念に照らし、『われら、日本国民』から排除されている『彼（女）ら』の『語り』を通して、『われら』と『彼ら』との境界線の意味を不断に問い続け、『憲法規範的世界』の安定性を揺るがす可能性を秘めている」（四一頁）という指摘による。

（2）大江健三郎の『沖縄ノート』をめぐる訴訟については、岩波書店編『沖縄「集団自決」裁判』。

（3）家永教科書検定訴訟第三次訴訟控訴審東京高裁一九九三年一〇月二〇日判決（『判例時報』一四七三号三頁）。第三次訴訟の意義について、原告となった家永三郎は、訴訟提起に際して次のように述べている。「幸いに、皆さま方の広いご支援の力によりまして、輝かしい杉本判決をかちとることができました。その後検定はややゆるやかになったように見えましたし、事実、一九七〇年代には、いままで書けなかったようなことを書き込んだ教科書を出すことができました。もとより、法廷で争いの対象となっている部分は、それをなおせば、明らかに不合格になりますので、そこまでは出来ませんでしたけれども、

問題になっていなかったところで、いままで遠慮していたところを書き込むことができたわけでありま
す。ところがその後、激しい巻き返しが始まりまして、一九八〇年（昭和五五年）の検定は、三〇年近
い私の教科書執筆の経験の中で、前例をみないほどのすさまじさを呈したのであります。ここでもう一
度、検定の不法不当な実態に対して、徹底的に争わないままに済ませるのでは、折角前例のない訴訟を
提起し、今日まで長期にわたるたたかいを続けてきたことの意義を十分ならしめないで終らせるおそれ
がありまして、私だけがひそかに検定との対決に一身を投入しながら、過去のそれを上回る不法不当な
検定を是認したのでは、私の責任を中途半ぱのかたちにしか負わなかった結果となりかねないのであり
ます」（家永『憲法・裁判・人間』一四一―一四二頁）。

（4）以下のホッブズ理解は、シュトラウス『ホッブズの政治学』による。

（5）『判例時報』七一二号二四頁。長沼訴訟第一審判決は、自衛隊のナイキミサイル基地建設のために、森林法の保安林指定を解除するという処分をめぐって争われた行政訴訟に対する判決である。官庁内部での森林の移管の問題ともいえるため、そもそも、訴えの利益が付近住民にあるかが争点となった。福島重雄裁判長は、解除処分に対し、付近住民が申し立てた執行停止を認める決定を、一九六九年八月二二日におこなっている。この間、当時の札幌地方裁判所所長であった平賀健太は、執行停止決定を延期させたうえで、憲法判断を回避する方法で申立てを却下する道筋を指示する書簡を福島裁判長に送っていた。長沼第一審判決は、司法部内におけるかような裁判官の独立に対する明白な侵害を乗り越えて下された点においても、画期的なものである。なお、平賀書簡は、判決後三五年を経て、その全文が公開された。この点については、福島・大出・水島編著『長沼事件　平賀書簡――三五年目の証言　自衛隊違憲判決と司法の危機』。

（6）最高裁判所大法廷二〇〇五年一二月七日判決（民集五九巻一〇号一六四五頁）。

第6講　差別とは何かを問う

1　沖浦和光から何を学ぶか

日本社会における差別の構造を読み解くには、単に第三者的に観察することではなく、被差別の世界に踏み入る作業がどうしても必要となります。このことを、わたしに教えてくれたのが、沖浦和光でした。

わたしが、最初に沖浦と出会ったのは、書物を通してです。沖浦の著作『竹の民俗誌』が岩波新書として上梓された、一九九一年のことでした。編集を手掛けた川上隆志（現専修大学文学部教授）から、読むように薦められ、一冊もらい受けたのがきっかけです。当時、憲法学の最初の論文集を日本評論社から出すことを準備していたわたしは、そのなかに被差別部落の問題を入れなければ、日本の人権問題を扱ったことにならないと考えていました。関連文献を探していたところ、『竹の民俗誌』に出会ったのです。まさに、わたりに舟でした。

実際、一九九三年に世に問うた『自由とは何か』（ちなみにこの本の名づけ親はこの川上氏です）には、以下の文章に対する参照文献として、沖浦の『竹の民俗誌』のほか、『天皇の国・賤民の国』、沖浦・野間『日本の聖と賤　近代編』が挙げられています。

部落問題は、一方で法制度によって維持され、法制度はその撤廃に対して処方箋を書けないままである。そこにはもちろん、日本文化の深層に根ざした日本人の原罪が伏流していると思われる。歴史学や民俗学がこの問題を論じているが、ここでは例えば民俗学者として沖浦和光氏が日本の賤民文化の実証的研究を行っていることを記すにとどめる。（遠藤『自由とは何か』七六頁）

当時のわたしには、沖浦の『竹の民俗誌』はエピソード集としか映っていなかったようです。沖浦を「民俗学者」と決めつけ、彼がおこなったことを「日本の賤民文化の実証的研究」と勘違いし、そこに伏流している文化を「原罪」と誤読しています。沖浦が無告の民（自分たちがなぜ、人間として扱われないかの理由すら告げられることもない民という意味で、沖浦が好んだ表現です）に寄り添って明らかにしようとしたことは、まったくちがうことでした。

2　沖浦流『竹の物語』

『竹の民俗誌』の構想の中核には、『竹取物語』があります。『竹取物語』の作者について、沖浦は講演で以下のように語っています。

まあ、これは一〇〇〇年も前の物語ですが、すごい構想力ですね。本当にすごい頭脳というのは、こういう構想力を言うのであって、今日の偏差値中心のツメコミ教育で得た知識ではとてもこういうようにアタマは回転しませんね。こういう物語をつくれる想像力が一番すごいわけです。（『沖浦和光著作集第4巻』二六―二七頁）

沖浦が『竹取物語』について下した判断は、そのまま、沖浦自身の『竹の物語』である『竹の民俗誌』にあてはまるでしょう。沖浦は、歴史の伏流水の流れを明らかにし、その中核に「竹」を置いたのでした。同書の結びの文が、沖浦の企図を如実に示しています。

日本の歴史の奥底まで分け入ってみると、日本文化の深層には、差別され抑圧されてきた民衆によって担われてきた〈賤民文化〉という、大きい地下伏流が走っていることが分ってくる。（沖浦『竹の民俗誌［新装版］』二〇三頁）

伏流水であるならば、それと対決し、乗り越えられるべき「造られた歴史」がいつもあったことになります。その「造られた歴史」とは、なんでしょうか。こうです。

周縁にいた山民系や海民系を動かして武力革命で政権を奪った天武は、自らを漢の高祖に擬した。伊勢神宮を中心に神祇体制を整備し、即位礼として大嘗祭を創出し、『記』『紀』によって天孫降臨神話にもとづく皇統譜の作成を命じた。そして、天皇制の基礎を固めるために新政策を着々と実施した。(同書一三五頁)

こう言い切ることは、沖浦がよくもちいた表現では、「どえらいこと」です。同書にはその「どえらいこと」が、何気なく描かれています。鋭敏な読者は、沖浦の構想力の「どえらさ」を喝破されているでしょうが、わたしはこの本を通読したとき、まったく気づきませんでした。

沖浦が言いたかったのは、地下の伏流として流れている「賤民」と呼ばれた人びとの文化こそ、ほんとうに文化と呼ぶに値する素晴らしいものだということです。反対に、『古事記』『日本書紀』に代表される支配者たちの文化は、その重要な部分を先住民族、「賤民」文化から盗んだうえで、捏造されたものなのです(古事記、日本書紀の神話だけでなく、大嘗祭の霊力も)。ここには、差別を受ける人びとへのかぎりないパッションと権力者の嘘に対する激しい怒りがあります。

このような沖浦の構想からすれば、民俗学、歴史学、文献学、人類学、社会学、法律学などといったそれぞれのタコツボに閉じこもっていることは許されません。これらの学問の成果を積極的に摂取しながら、批判的に吟味し、さきの構想のなかへ位置づけなおしていることが、

『竹の民俗誌』の醍醐味です。

『竹取物語』の古層には、南九州の「隼人」らの南方海洋民文化があり、「竹中生誕説話」「羽衣伝説」「八月一五日祭」はそこに由来します。新層である「求婚難題説話」においては、天武天皇が捏造した『記』『紀』と大嘗祭の担い手たち、とくに藤原不比等（車持の皇子）が痛烈に揶揄されているのです。

これが、沖浦流「謎解き竹取物語」です。

『竹取物語』は、天皇、貴族などの権力者が主人公ではなく、「竹取の翁」という「賤民」と、「かぐや姫」という「小さ子」が主人公であり、舞台も「竹取の翁」の家であったことにより、広い読者を獲得しました。沖浦の読みがどのように痛快なのかは、沖浦自身に語ってもらうことにしましょう。


帝は官位を餌にして、翁の心を動かそうとした。そのような権力を嵩にきた帝の威圧的な態度は、姫が最も嫌うものだった。五人の貴人に対するよりも強い態度で、「国王の仰せ言を背かば、はや殺し給ひてよかし」と、死をも辞さない決意で断固として拒絶する。庶民にとっては、このくだりは実に痛快で、日頃の胸のつかえがとれて溜飲がさがる場面であった。（同書一四〇頁）

沖浦は、この「謎解き」の決め手として、文献、資料だけではなく、実際に、インドネシア、南九州などの祭りや風俗を見て歩き、そこに生きる人びととの出会いを通して得られた知見をもちいています。そこが、もっとも沖浦らしいところであり、余人をもって替えがたいところです。

3　沖浦「竹取の翁」と出会う

薩摩隼人が、どのようにして実際、竹から箕を作ったか。

サンカと呼ばれる人びとの生活実態はいかなるものであったか。

文献には答えのない、これらの問いを携えて、沖浦は歩きつづけたのです。文献になく、実態がわからないのは（沖浦が「地下伏流」という言葉を使うのはこのことを強調するからです）、差別・被差別の問題があるからです。

したがって、「謎解き竹取物語」とならぶ、同書のクライマックスは、尋ね歩いた沖浦がついに、隼人の故郷阿多に生まれ育った竹細工師である時吉老と出会う場面です。竹細工のうち、もっとも呪力と関係し、技術的に難しい「箕作り」について聞き取りがおこなわれていますが、沖浦はまず、被差別のなか、多くの人が姓を変えたなかで、姓を変えず、その昔、島津勢と戦った由緒ある古い家名を守ってきた時吉老の語りに、耳を傾けるように促します。

「われわれの先祖がなにも恥ずべきことをやってきたのではない、最底辺の民とされてきたが、なくてはならぬ仕事や技術の担い手として頑張ってきたのではないか。責められるべきは差別を強制した権力の側にある」（同書一七七頁）

沖浦は、時吉老からほんとうに大事なことを聞き取っています。その半生、ふたたび箕作りに専念するようになった経緯、七八歳になっても、自分で山に入って、よいキンチク（ホウライチク）を探し、サクラの皮とフジカズラ、ヤマビワとツヅラ採取をするところから始め、何百年、何千年と受け継がれてきた細工の実態が明らかにされていきます。そして、この本でもっとも重要な次のコメントがなされるのです。

時吉さんの話は、大筋で以上の通りだった。『竹取物語』の冒頭で、竹取翁が「野山にまじりて竹を取り」とあったが、そこのところも、時吉さんの話を聞いて実感することができた。（同書一八〇頁）

4　星座的連関

沖浦は二〇一四年七月に永眠するまで、この旅をつづけました。沖浦が、旅し、歩きまわり、歴史の闇のなかに消えていった人びとの声を再現しようとする試みは、ベンヤミンの星座的連関という方法論だと思います。星座とは、もともと、相互にまったくつながりもなく、距離も異なり、したがって、きらめいた時間もちがう星々が、地球にいる現在のわたしたちの視点からは意味のあるつながりに見えます。

星座的連関の方法論とは、哲学者鹿島徹の言葉を借りるなら、「出来事の因果連鎖への位置づけではなく、時をへだてた現在との出会いこそが、過去の事実を『史的事実』にする。……このような特定の過去と特定の現在との出会いが『星座的布置』と呼ばれるものであり、その出会いの核心にあるのが『今の時』なのだ」（ベンヤミン『[新訳・評注]歴史の概念について』二二八・二二九頁）。そのような星座的連関を通してはじめて、「従来の歴史叙述によっては取りこぼされ、隠蔽されている事象」が「抑圧された過去を解き放つための戦いにおける革命的チャンス」をもつことができるのです（同書一九八頁）。

その見地からみたとき、『竹の民俗誌』において「どえらいこと」は、差別によって闇に追い込まれていた「竹取の翁」と、現代に生きる竹細工師が、一つの星座的連関となって描かれている、その構想力であることがわかります。沖浦がこのような構想力を得るには、思想遍歴があったのです。次にその点について考えておきたいと思います。

5　現代原子力文明の危機と自然・内・存在としての人間

最初の著作における沖浦自身の問題意識はこうです。

ここであらためて検討しておかねばならないのは、巨大な科学・技術体系に支えられた近代的工業生産力に依拠しないでは、もはや人間は生きられないのだろうか、という根本問題である。（沖浦『近代の崩壊と人類史の未来』四〇―四一頁）

沖浦の問題提起の背後には、技術は本来的に政治・社会体制から中立ではなく、結局は特定の集団の利益になるような目的合理性にそって開発・普及されるものであるから、その社会的しわ寄せはかならず周辺部分に転嫁されるという、認識がありました。

その典型として、沖浦が預言者的に問うていたのが、まさに、原子力発電という「巨大な科学・技術体系」でした。

今日、原子力発電所がどのような地域に設置されているかを考えてみればよい。金と時間をかけた徹底的リサーチの結果、ある周辺地域が生贄に供されるのだ。（同書四二頁）

わたしが預言者的という言葉を使ったのは、東日本大震災のメルトダウン事故において福島に起こったことがここに預言されているから、だけではありません。メルトダウン事故前後を通して争われた、原子力発電所に反対する訴訟において、裁判所がもっとも驚愕し、頭を悩ませた根本問題が、ずばり指摘されていたからです。

超大型化したものは、原子力プラントにみられるように、実験を積み重ねてそこでえられた実証的データにもとづいて設計されるのではなく、コンピューターのシミュレーションによってシステムを最終的に構成するしか方法がないのである。つまり、実験抜きの巨大技術体系であって、しかもそのシステムを構成する過程での諸計算をチェックする機能をもっていない場合もあるのだ。（同書四二—四三頁）

日本の原子力発電には、シミュレーションを再計算するチェック用のシステムが存在していないことこそ、裁判官が異口同音に指摘する原子力発電所の問題点だったのです。

沖浦の指摘が預言者的であるならば、今日沖浦の書に向き合う我々に、沖浦の次の指摘から逃れる術はありません。

原子力文明を頂点とする今日の巨大技術体系についての根本的な見直しは必至であろう。自然・内・存在としてのヒトは、まずなによりも、自然によって規定された技術の諸限界について謙虚であらねばならぬ。（同書四四頁）

6 無告の民のなかへ

『近代の崩壊と人類史の未来』で「自然・内・存在」としての人の立場から試みられたのは、沖浦が「青春の志」としたマルクスの原像を取り戻す作業の延長線において、マルクスが晩年には西洋中心思想から転換しつつあったと指摘することでした。後年、インド、インドネシアの旅が沖浦の人生の中核となりますが、エチオピアを実際に訪問したときの驚きについてのエッセイが同書に収録されています。

しかし、沖浦の西洋中心思想からの転換が本格的に起こるのは、高橋貞樹との出会いを通してでした。いわば、沖浦が、高橋の思想を体現した『特殊部落一千年史』に出会ったとき、彼の学問と生涯の土台骨は完成したのです。

高橋の『特殊部落一千年史』は、身分制の底辺におかれて「穢れた民」として差別されてきた日本の賤民に関する通史的研究として、まさしく開拓者的労作でした。沖浦が残念でならなかったのは、高橋の生涯が正当かつ十分に評価されていないことでした。正当に評価されない理由は明白でした。彼が「転向者」だったからです。

そこから、「転向」対「非転向」という枠組みに規定された戦後派の左翼運動に対する批判的問いなおしの作業が、沖浦においてはじまります。戦後派第一世代の全学連創設時の闘士であった自分自身への批判も含めて、沖浦の苦闘がはじまったのです。

その記録が、『思想』に連載された「日本マルクス主義の一つの里程標」でした。彼のこの苦闘は、遺作となった『部落史の先駆者・高橋貞樹――青春の光芒』（筑摩書房）までつづきました。

沖浦は高橋貞樹の『被差別部落一千年史』岩波文庫版解説で、こう結論します。

われわれ戦後派が戦前派左翼に抱いていた〈非転向神話〉が、物神化された幻想にすぎないことがしだいにわかってきたのである。（中略）高橋は、日本社会主義の本格的な成長期である一九二〇年代で最も活躍した理論家の一人だったのだ。（同書三四〇―三四一頁）

彼の転向は、（中略）当時のコミンテルン＝ソ連共産党の中枢を握っていたスターリニズムに対する正面からの批判であった。労農大衆の意識と動向を無視した官僚主義的引きまわし主義と、唯我独尊的なセクト主義についての根底的な批判からで出たものである。今日からみればソ連共産党が指導する世界革命路線の誤謬をいちはやく指摘し、その前途には人間の全面的解放への希望はないことを予測した卓見であった。（同書三三五―三三六頁）

沖浦は、最晩年、奥平康弘の『治安維持法小史』に触れながら、「転向」対「非転向」という枠組み自体が、治安維持法システムを運用する権力側の論理であったことを喝破しています。

治安維持法の緊急勅令による改正の第二の重要点は、「目的遂行」罪の新設である。（中略）目的遂行罪（中略）の多くは執行猶予になった。当局ではそれは予定のコースであって、（中略）「治安維持法」違反という烙印を押せばそれだけで十分だった。治安維持法違反は「国体変革」を目指す思想犯罪者であり、本人のみならずその家族は社会的な打撃を受け、その人生に大きなトラウマが残る。「世界ニ一ツノ神ノ国」の君主に反逆した破廉恥漢として遇され、「この世でまともに生きていく道」が閉ざされる。「赤化防止」の威嚇手段としてはそれだけで十分効用があったのだ。しかしそれでは未来ある若い者にとってはあまりにも苛酷だとの声が上がったので、当局は「転向」という抜け道を用意した。（沖浦『部落史の先駆者・高橋貞樹』二九四―二九五頁）

沖浦の苦闘の結果、「転向者」とされていた高橋の『特殊部落一千年史』は、一九九二年の岩波文庫『被差別部落一千年史』として、本来あるべき輝きを取り戻すことになりました。

タコツボ化された日本における学問体系の枠組みに囚われているかぎり、沖浦が遺した学問への問いかけを受け継いでいくことはできないでしょう。

沖浦は、なによりも、自分の足で歩き、「無告の民」を記述することに生涯を費やしました。「転向者」としてかたづけられていた高橋こそ、実は、このような「無告の民」にかかわるもっとも枢要な仕事を成し遂げていたのだという、沖浦の執念にも似た苦闘はまた、学問および運動へのアンチテーゼでもあったのです。

一九二三年の関東大震災後の社会主義者に対する弾圧の際に、高橋は、数か月、官憲に追われて南大阪のスラム街であった釜ヶ崎にひそんでいたこともあったといいます。釜ヶ崎は、沖浦の生まれ故郷の隣町であり、わたしも、一九九五年七月に道案内されました。それがわたしの人生の転機となり、一九九八年四月以降、釜ヶ崎のかたわらで連れ合いの李鍾和（イ・ジョンファ）とともに、法律事務所を営んできました。

このような苦闘のなかで得られるのは、なによりも人生におけるほんとうの喜び（ジョイ）であることを、強調しておきたいと思います。

沖浦の講演に接した人は、もうご存知でしょう。わたしの記憶に鮮明に刻みつけられているのは、彼の桃山学院大学での最終講義でした。部落差別の問題を横糸に、沖浦自身の問題意識の変遷を縦糸に縦横無尽に語った講義のあいだずっと、笑いが絶えません。そして、「差別はけしからん」と糾弾するのではなく、「差別にこだわっていた自分はなんて阿呆だったのか」という解放を与えてくれるものだったのです。その解放は、傷ついている人びとを無視する「差別なんてどうでもいいや」ではなく、「差別はなくせるぞ」という生涯を懸けた闘いを呼びかけていました。人間を称えるのに、これ以上の賛辞はあるでしょうか。それが、沖浦が我々に遺した「最終講義」でした。

7　住吉との出会い

沖浦が「最終講義」をする少し前、一九九七年一月にわたしは弁護士登録し、その年の二月から翌年三月まで、刑事弁護で有名な後藤貞人弁護士の事務所で修業をさせていただきました。そして一九九九年七月から釜ヶ崎いこいの家というところで毎月一回法律相談をはじめました。そして、二〇〇〇年四月からは住吉解放会館（当時）で、解放会館が主催していた総合相談の一貫として毎月第四木曜日に法律相談を実施し、二〇一六年に住吉隣保館になってからも、今日までつづけてきました。

「住吉」と最初に出会ったのは、一九九五年一二月のことです。東北大学法学部の学生諸君と釜ヶ崎で越冬の炊き出しに参加した際、一週間、住宅集会所に泊めてもらったのです。朝五時前に起き、あいりん総合センターのシャッターが開く前に釜ヶ崎に行かなければならないことがありました。南海高野線は動いていない時間です。わたしたちが困っていると、ある方が全員分の自転車を借りてきてくれました。集会所では、綺麗な布団を使い、銭湯に行く道具まで貸していただきました。このとき、住吉の人たちの暖かさを知りました。

8　継続して法律相談をすることの意味

弁護士の手がける仕事のなかでも、法律相談は困難な仕事だと思います。どんな人が、どんな事件を持ち込んでくるかわからないからです。しかし、たいていは一期一会であって、その場で言ったことの責任を問われることはあまりありません。ですから、わたしのように一人の弁護士が同一の場所で継続的に法律相談を実施することは、ほんとうにしんどいことなのです。前回の相談がどうなったか報告してもらえる利点はありますが、「あんたの言うとおりにはならなかったで」と糾弾されることもあり、逃げも隠れもできない背水の陣だからです。

個々の相談の内容については、もちろん、プライバシー保護と守秘義務との関係で詳細にはお話しできませんが、多くの方に共通する問題に発展したケースを取り上げ、法律相談事業が、法律問題を解決するうえでどのような役割をはたすのか（あるいははたせないのか）のイメージをもっていただきたいと思います。

9　積極的差別是正策の崩壊

二〇〇二年三月三一日で、同和対策事業特別措置以来の部落解放事業が、一般施策に解消されてしまうという事態が生じました。これらの移行に伴う混乱のなかで、わたしを含めた解放会館の総合相談担当者がかかわったのは、大阪市による、大学進学のための解放奨学金の返還請求問題です。大学・短大進学を希望し、奨学金を受ける高校生には「実質的給付制」と説明し、「返還しなくていいよ」と言っていたのに、彼らが社会に巣立ち大人になってから突然、「あれは借金だから返還しなさい」と言いはじめたのです。「返さなければ、裁判をするぞ」、と。こんな不条理にどう対応すればいいのでしょうか。

住吉解放会館に、返還請求を受けた方が相談にこられ、まず総合相談の担当者が対応しました。わたしがその事件を法律相談で受け継ぎ、訴訟を担当しました（高裁で和解）。その訴訟で得られた知見をもとに、ほかの奨学生について総合相談担当者が説明会を開き、困難な状況のなかで、精一杯の善後策を講じました。ただし、その善後策では救済されない方々がいます。その意味で忸怩たる思いがありますが、やれることは精一杯やるというわたしたちの事業の象徴でもあります。

経緯を振り返っておきましょう。一九八二年四月一日、地域改善対策特別措置法が改正され、大学奨学金が給付制から貸与制に変更されました。それを受け、大阪市は同年一〇月一日から貸与制の奨学金制度を開始しました。

しかし、給付制の奨学金でなければ同和対策事業特別措置としての意義が大きく損なわれるという解放運動の要請を受け、大阪市は、大阪市同和地区人材養成奨励事業（大学・短大）補助金交付要綱を制定し、実質的な給付制を復活させました。

具体的には、社団法人大阪市同和事業促進協議会が「幅広く社会に貢献しうる有為な人材」と認められる者に対し協議会が奨学金返還額と同額の奨励費を交付し、大阪市が協議会にそれと同額の補助金を補填するというものでした。

制度は複雑ですが、要点は単純です。奨励費を受け取ったとされる奨学生（実際に受け取るわけではありません）から大阪市に返還されるのですから、三者のあいだで決済すれば、お金は一円も動かず、実質的な「給付」になるというしくみです。

注目すべき点が二つあります。

第一は、奨学金の返還の根拠自体が契約にあるということです。契約の成立については、当事者の意思が合致していなければなりません。「実質的には返さなくていいよ」と言われて受け取っていたら、貸すほうの大阪市があとになって「返せ」と言っても、それは貸金ではなく贈与にすぎないということです。

第二は、大阪市と奨学生は直接会っていない点です。大学奨学金および人材養成奨励事業補助金の申請、交付、返還は、すべて協議会が窓口になっており、しかも、肝心の人材養成奨励費の申請については、地区協議会会長の申請があった場合、決定をおこなうのは協議会の会長でした。ですから、各奨学生に協議会がどのような説明をおこなっていたかが決定的になります。総合相談の担当者が、自分の記録を取り寄せて、当時の説明を明らかにしてくれました。それを裁判で証拠として提出しました。

一九九六年七月七日付けの協議会名の文書「部落解放大学等奨学金受給者のしおり」には、「現在の解放奨学金制度の概要」のうち「人材養成推進事業」の説明として、次のようにあります。

> 奨学金の「貸与」を受けたみなさんが、卒業後においても同和問題解決のために、みずからの資質、能力を生かして、地域及び社会に積極的に貢献しうる指導的人材となっていただくための事業です。この事業の適用を受けた者は、「貸与」された奨学金の返還が「免除」され、実質的に給付となるものです。

解放奨学金受給者には、本来返還義務などないことは明らかなのです。大阪市もそれがわかっているからこそ、二〇〇二年三月三一日以降、実質的給付制を維持する目的で取扱要領をつくり、大阪市独自の免除基準をつくったのでした。

ところが、補助金支出は要綱でできるが、免除は債権放棄にあたり議会の議決が必要だという監査委員の指摘があり、新たな免除制度をつくる必要が生じました（地方自治法九六条十号）。そのときに議会は、実質的給付制を維持せず、すでに人材養成奨学金の交付を受けたことのある場合だけ免除するという議決をしたのです。この結果、多くの若者がいわれのない返還請求にさらされることになりました。

訴訟では、制度設計のミスのつけを当の奨学生に押しつけるという構造的悪だけではなく、与えられた制度の枠内で国の免除基準を積極的に活用することで奨学金の返還免除をしていくという大阪市の方針も明らかになりました。

この方針を総合相談担当者が返還請求を受ける奨学生に説明し、その結果、たくさんの免除申請がおこなわれ免除につながったのです。もちろん、この方針は「実質的給付制」とは大きくちがいます。それでは救済されない方々は、訴訟で争いつづけるしかありません。日本の積極的差別是正策が差別解消につながっていない証左だと思います。

どうして、こんなことになったのでしょうか。

10　何が問題か

国旗国歌法が成立施行された一九九九年の秋。わたしは、四国のある県で、保守系団体が主催する同和問題講演会に招かれたことがあります。沖浦の推薦で講師の一人となったのです。会場に着いて驚いたことは、前列に座っているのが、副知事をはじめとする県庁関係者、教育委員会事務局関係者であったことです。演壇には、大きな日の丸が掲げられています。わたしは、「しまった」と思いましたがあとの祭りです。

この状況で講演すること自体、間違ったことではないかと思い悩んでいると、驚くべきことが起こったのです。保守系団体の会長が冒頭の挨拶で、開口一番、「わたしは天皇制に反対です。天皇制があるかぎり、部落差別はなくならない。これを言うなと言われるが、どうしても言わざるをえません」。

緊張していたわたしは、会長のこの言葉で、急に気が楽になりました。演壇の後ろの壁にある日の丸を無力化する話をすればいいんだという考えが浮かんだからです。わたしが当日講師として話したのは、部落問題の中核ともいってよい、結婚差別の問題でした。

憲法学者の宮澤俊義が法の下の平等は近代法の大原則であり、「それは、何よりもまず封建的身分制度に対するたたかいの原理として、主張された。それは、人間を、だれの子としてうまれたかにもとづいて、すなわち、その『うまれ』にもとづいて、社会的に差別することを否定する趣旨をもっていた」（宮澤『憲法Ⅱ　新版』二六四頁）と宣言しているにもかかわらず、社会的差別の根幹である結婚差別の問題は、憲法学における人権問題として取り上げられることさえないという惨憺たる現状をどうするかという問題提起をしました。

宮澤は、差別との闘いの例として、ボーマルシェの『フィガロの結婚』を挙げていましたが、この講演会で、わたしは住吉の青年たちとの英語の勉強会で一緒に観た『招かれざる客』という映画を紹介しました。当時、戦後の解放運動の研究のために住吉地区に居住していたアフリカ系アメリカ人のジョン・デイビス氏にお願いして、ジョイント・セミナーを開いていたのです。

『招かれざる客』は、シドニー・ポアチエ演じる、アフリカ系アメリカ人プレンティス博士が、結婚の許しを得るために、コーカシアン系アメリカ人の娘の両親に会いに来るという話です（映画の原題は、「guess who is coming to dinner」ですが、この言葉には、「いったい誰が夕食に来ると思う?」という意味の、意外性・驚愕のニュアンスが入っているのだと、セミナーでデイビス氏が教えてくれました）。プレンティスは、娘の両親に、世間の差別の問題のほかにもし「親の態度」で配偶者が苦しむなら、わたしは彼女の苦しむ姿に耐えられないと、留保のない承諾を要求します。それがなければ結婚しないと。この場面が、映画でもっとも重要だと当時わたしは感じていました(1)。

というのも、被差別部落の相手との結婚に反対する親たちは、異口同音にこういうからです。「わたしたちはかまわない。でも、おまえの妹が結婚できなくなってもいいのか」。結婚差別は、差別の連鎖のうえに成り立っています。親がこのような態度をとることがいちばんの問題なのです(2)。映画では、反対していた父親がプレンティスの母親の説得に負け、最後には賛成に転じるという結末を迎えます。

結婚の選択をすれば、交際範囲や人生の選択の余地の多くを失うのかもしれません。しかし、子どもを育て最後まで添い遂げた夫婦の姿を見ていると、差別解消の希望は、そこにこそあるとの思いがわいてきます。

いずれにせよ、結婚差別の問題を放逐したまま、部落差別の解消はないという話をしました。結婚差別を支える法制度＝戸籍制度の解消の話にも触れ、最後に演壇のうしろの壁にある日の丸を指し、国旗が法制化されたことは、法改正によりそれを廃止できるという意味で悪いことばかりではないと、結びました。

会場からは拍手は起こりません。緊迫した空気が伝わってきます。これで講演料はもらえないなというあきらめも感じました。ところが、空港に向かうわたしを、さきほどの会長が送ってくれたのです。空港で分厚い封筒を、「これはポケットマネーです」と言いながら手渡してくれました。そのとき、会長がわたしにこう言ったのです。

遠藤さん。わたしは、同和運動をやってきて、ほかの地区より自分たちの街が生活しやすくなった、跡取りも帰ってくるようになったと自慢しています。しかし、わたしの息子が結婚差別にあいました。自殺してしまったのです。趣味で、金魚を集め、立派な池まで作ったのですが、その池も埋めてしまいました。

部落差別の根幹には、わたしたち一人ひとりが、「この世界に存在してもいいのか、その場にいる権利があるのか」の問題が横たわっているのです。結婚差別という問題です。「天皇制があるかぎり、部落差別はなくならない」。差別はそこまで突きつけてほんとうの姿を現します。奨学金返還問題でも、金銭の問題ももちろん重要ですが、請求や訴状が大阪市から届いて、配偶者に部落出身であることが知られるということが最大の問題だったのです。日本国憲法二条は、天皇の地位が「国会の議決する皇室典範の定めるところによ」ると規定しています。法律の規定のしかたによって、差別の根幹を廃止できるのです。そのことの責任の意味を考えつづける必要があると思います。

注

(1) 映画におけるプレンティスと、娘の父親の会話は次のようなものである。

Father: When you say "special problems," Doctor, what do you mean?
Dr. Prentice: Well, your attitude, Mr. Drayton. And yours, Mrs. Drayton. Joanna is very close to both of you. If, by marrying me, she damaged her relationship with either of you, the pain of it would be too much for her. I wouldn't know how to deal with that kind of situation. In any case, I wouldn't want to try.

（2）齋藤『結婚差別の社会学』九八頁は、この点につき、次のような指摘をおこなう。「部落出身者への結婚差別問題は、まさに、親の承認や同意が深く関わっている。子自身が部落を忌避しているなら、うちあけの段階で関係は終了するだろう。しかし、恋人たちは結婚を合意しているにもかかわらず、部落出身であるという理由で、親や周囲が結婚を反対するときに、結婚差別問題が生じる。そういった意味では、結婚差別問題とは、親や周囲の問題であるといえるだろう」。

第7講　釜ヶ崎の貧窮問答歌

1　住民票消除

第6講でも述べましたが、わたしが、釜ヶ崎（大阪市西成区萩之茶屋）で月に一回法律相談を開始したのは、一九九九年七月のことでした。

もっとも多かったのは、「白手帳を作りたい。職業安定所にいったら、住民票が必要だといわれた。定住するアパートがないが、どうしたら住民票を作れるのか」という相談でした。白手帳というのは、雇用保険被保険者証のことです。日雇労働の圧倒的多くは、建設現場での力仕事ですが、毎日仕事があるとはかぎりません。雨が降れば作業自体がなくなってしまいます。二か月で二六日以上継続して労働をしたことを証明すれば（登録業者が白手帳に印紙を貼付することで労働証明書となります）、三か月目の失業日に一日七五〇〇円程度の失業手当がもらえます。これが、日雇労働者の命綱なのです。

一九八六年度以降、厚生労働省規則により白手帳発行の申請書類に住民票添付が義務づけられました。釜ヶ崎では、簡易宿泊所、建設現場の飯場、公園、路上を転々とする日雇労働者の便宜のために、釜ヶ崎解放会館が、住民登録のための場所になっていました。白手帳を作成したい日雇労働者は、解放会館に相談し、住民票を作ってきたのです。

解放会館が無料で書留を含めた郵便を受け取って保管しておいてくれたので、労働者は、白手帳だけでなく、銀行通帳も運転免許も年金の受け取りもできました。

ですから、冒頭の法律相談の回答はきわめて明快でした。「釜ヶ崎解放会館に行ってお断りしてから、西成区役所で住民登録してください」。

住民登録が可能だったのは、西成区役所が受理していたからです。(1) 西成区役所が実施した、一九八六年度以降在籍した住民情報課または戸籍登録課職員を対象とした調査では、回答した一一五〇名の職員・元職員のうち釜ヶ崎解放会館などを住所とする届出を受理した職員は一一八名であり、そのうち約八割にあたる九六名が、居住実態がないことを知ったうえで受理したということが明らかとなりました。

受理した理由は、「あいりん地区の日雇労働者の状況からして、ある程度の例外措置もやむを得ない」(六九名)、「受理しなければ届出人が困るだろう」(一九名)というものでした。釜ヶ崎の「特有の事情として日雇労働者への配慮等から届出を受理することが『職場の慣行』となっていた」のです。

ところがです。大阪市は、二〇〇七年三月二九日、釜ヶ崎解放会館ほかに登録されていた二〇八八人の住民票を、「受理しなければ、届出人が困るだろう」とわかっていたにもかかわらず、職権で消除してしまいました。

二〇〇七年の消除後も毎年、住民票が職権消除されつづけています。二〇〇七年度一九四〇人、二〇〇八年度三三三人、二〇〇九年度四三四人に登ります。大阪市に対する住民からの再三の請願や陳情にもかかわらず、いまだにホームレス状態にある人びとが住民登録し、選挙権を行使するしくみがありません。

コロナ対策として支給される一律一〇万円の給付金も、住民登録が受給要件となっています。テント家屋で路上に起居するホームレスの人びとは、受給の対象から除外されてしまいました。いちばん必要な人に、給付がなされない。これはいったいどういうことでしょうか。[2]

「ホームレス状態にあること」とは、どのようなことか。あらためて考えなおしてみる必要があると思います。

2　ある青年との出会い

そのためには、すべての人間のもつ依存性を出発点とする必要があります。つまり、人間を抽象的存在として扱うのではなく、具体的コンテクストにおかれた生身の人間どうしの関係性を出発点とするのです。と、口で言うのは簡単ですが、実際にはとても困難です。そこで、わたしがホームレス状態にある人びととのかかわりをもつきっかけとなった、ある青年との出会いの話からはじめたいと思います。[3]

一九九四年五月中旬の土曜日、ケンブリッジのホーリー・トリニティ教会内にあるヘンリー・マーティン・ホールで、堀之内菊三郎・多美子夫妻をはじめとするケンブリッジ日本人教会の方々が、ケンブリッジ大学神学部で宣教学を教えているジェフリー・キング氏をゲストに迎えて、留学から帰国するわたしのために、送別会をかねた集会を開いてくれました。その席に見知らぬイギリス人青年が出席していたのです。彼はただ黙って座っていました。そして、キング氏が話した後、彼は、次のような趣旨の話をしたのです。

いま話をした紳士は、顔の色つやもよく、健康そうですが、わたしは、ホームレスです。ある一つの警告をするために、イングランド中の教会を廻っています。それは、わたしたちホームレス状態にある人たちに対する教会の態度についてです。教会はわたしたちに、パンとスープを提供したり、宿泊施設を用意していますが、それは教会の一員として迎え入れるためではなく、わたしたちとの関係を切るためにやっていることではないのでしょうか。教会はこのような態度を速やかに、悔い改めるべきです。

彼は、どの教会に行ってもほとんど相手にされず、今日、ホーリー・トリニティ教会の前をたまたま通りかかったら、集会の案内があったので出席したと言っていました。

わたしは、ケンブリッジで二部屋別々の下宿を借りていました。一つはわたしの生活用であり、もう一つは裏庭に面した書斎と来客用の部屋でした。一週間後には、引き払う予定でした。来客用の部屋があるからよかったら使ってくれないかと、彼に申し出ました。彼は、それから、わたしがケンブリッジを立ち去りアイスランドに出発するまでの一週間、裏庭に面した部屋で暮らすことになったのです。

最初は乱れた生活をしていました。三日目からは自炊をはじめ、布団を干したり、洗濯物を裏庭に干したりするようになりました。暗かった顔にも生気が蘇ってきました。

わたしは、その一週間で彼からいろいろな話を聞かせてもらいました。両親の離婚後、ホームレス状態になった経緯。ロンドンの店のガラスを壊し、窃盗を働いて逮捕され、刑務所に入ったこと。刑務所で知り合った人の影響を受け、キリスト教に回心し、洗礼を受けたこと。出所後、ホームレス状態に戻ったが、どこの教会に行っても冷たくされたことなどです。

とくに彼が強調していたのは、ゲストハウスに宿泊した朝、追い出されるときの、教会の人たちのぞんざいな態度に多くの人が傷ついていることでした。そのような場所には、もう絶対に泊まりたくないと言います。

当時、わたしは文部省長期海外派遣研究員として、ケンブリッジ大学に留学するかたわら、英国国教会のホーリー・トリニティ教会の一員として、かの地にも多数生活する、ホームレス状態にある人たちとかかわるようになっていました。

ホーリー・トリニティはケンブリッジの中心部にあり、たくさんの観光客が訪れる場所ですが、ホームレス状態にある人が来ると担当の人がパン一切れと熱湯を注いだカップスープをわたすことになっていました。また、宿泊するところがない人のために、市内に数軒のゲストハウスを設置し、無料の宿泊場所も提供していました。

クリスマスやイースターのシーズンには、黄色いバケツを提げて、慈善のための献金を呼びかけ、ボランティアの教会員たちが街頭に立っていました。わたしも参加しましたが、またたく間に、たくさんのコインがバケツいっぱいに集まることに驚きました。

このようなホームレス対策がおこなわれているにもかかわらず、街角には、老若男女を問わず、通行人にお金を要求するホームレスの人たちが多数いて、どうしてなのかと気になって仕方がありませんでした。知り合いになった教会員に尋ねると、「彼らはもらったお金で、酒を飲むのさ。だから絶対あげたらだめだよ」と教えてくれました。たしかに、そういうこともあったと思います。

しかし、小さな子どもを連れた女性がケム川のほとりで、夕暮れ時、あまりに必死に道行く人にお金を要求しているので、おもわず「お金を集めてどうするのか」と尋ねました。彼女はわたしの顔を覗き込んで、「ベッド&ブレクファストに泊まりたい」と怒った声で答えました。

なぜ教会のゲストハウスが嫌なのか。泊まった経験のある人にはだれでもわかりますが、「慈善」をおこない、それが「隣人愛」であるという偽善に陥っている我々には、その壁がまったく見えていなかったのです。

3　保護を開始することは、保護を廃止すること

サービスを提供することは関係性を断つことではないのかという、かのホームレス青年の警告は、いまも鮮明にわたしの脳裏にあります。

わたしが二二年間かたわらで法律事務所を営んできた、大阪市西成区釜ヶ崎では、そのような偽善が個々人の態度として存在しているだけではなく、法的制度として存在しつづけてきました。その話を報告したいと思います。

釜ヶ崎の労働者である男性の甲さんは、二〇一三年一月四日に、居宅保護の生活保護開始決定を受けましたが、市立更生相談所長は、一月六日付けで、保護廃止決定をおこないました。条例上、市立更生相談所の「管轄」の範囲は、「環境改善地区において住居を有しない」とされていますが、甲さんは一月六日にアパートの敷金の支給を受け、「環境改善地区」での「住居」が確認されたので、「管轄」の範囲外になったという理由で廃止決定がなされました。

わたしが訴訟代理人となって、甲さんが提起した訴訟においても、大阪市は、「管轄」外になったので手続的な廃止決定をおこなっただけのことであると繰り返したうえで、廃止時点で、甲さんが生活保護受給を必要とする要保護状態にあったか否かを、判断していないと認めました(4)。

アパートを住居とする居宅保護の生活保護開始決定をおこなったほぼその瞬間に、転居をしたわけでもないのに、「管轄」の範囲外とされてしまう。

この制度は、要保護状態という関係性を否定された甲さんだけでなく、「環境改善地区」で弁護士として活動し、生活保護受給の訴訟を闘ってきたわたしにも、皆目理解できないものでした。

釜ヶ崎は行政から「あいりん地区」と呼称されてきましたが、釜ヶ崎地区のみを管轄してきた市立更生相談所条例によれば「環境改善地区」です。

しかし、条例、施行規則のどこを見ても、いったいどこが「環境改善地区」になるのかすらわからない状態でした。

提訴後一年以上経って、裁判所の釈明に答えて大阪市が提出したのは、一九七一年八月一六日付けの「市立更生相談所及び区福祉事務所相互間の事務取扱いについて」という文書でした。たしかに、その文書には「環境改善地区」の範囲である「対象地域」として、「愛隣一三カ町及びその隣接町」と記載されています。「愛隣一三カ町」は住居表示で、番地まで特定して詳細に定義されていました。

それだけではありません。「住居を有しないもの」の範囲を限定し、「対象者」として「簡易宿泊所及びこれに準ずる建物等に居住する単身者」と定義されていたのです。

これが「管轄」の範囲を規定した文書です。

わたしが驚いたのは、「環境改善地区」「住居を有しないもの」の決定をおこなった公文書は、西成社会福祉事務所長と、市立更生相談所所長のあいだで「秘密指定」された文書だったということです。「管轄」が「秘密指定」。生存権の主体たる市民を馬鹿にするのかと、あきれてしまいました。

4　具体的人間としてではなく、抽象的人間として扱われること

ケンブリッジのホームレス青年の提起した、「サービスを提供することは、関係性を断つことである」という問題は、甲さんのような釜ヶ崎の労働者だけではなく、生活保護受給者の多くが、大なり小なり経験していることなのかもしれません。

甲さんの場合は、大阪市に不服申立をおこなうことも可能でした。裁判に訴えることもできました。ところが、二〇一四年七月一八日に最高裁判所が下した判決によって、生活保護受給者、申請者のうち、日本国民ではないもの（特別永住者等を含めて）にはそもそも生活保護受給権がないと、言い渡されました。(5) これは、日本国籍がなければ不服申立ができないということを意味します。

大分県に居住する乙さんは、永住権を有する在日中国人女性です。配偶者と二人で中華料理店を営んできましたが、夫が認知症になり施設に入所してしまいました。夫とともに居住して

いた住居には、義弟が入り込んで来て、乙さんの預金通帳と印鑑を取り上げました。義弟は、夫の亡父の財産である駐車場から得られた収入等が入金されている預金は、義弟と夫の財産であり、その管理は自分にまかされたと主張しました。のみならず、乙さんに暴力を振るうようになったのです。

乙さんは入院し、その後施設に入ったのですが、入院費用も払えない状態でした。生活保護申請をしましたが、大分市福祉事務所長は、乙さんには自分と夫名義の預金が相当額あり要保護性がないとして、申請を却下したのです。

第二審の福岡高等裁判所は、入管法別表第二記載の外国人にも生活保護法の準用があり、生活保護申請を却下した行為は、行政事件訴訟法三条一項の「公権力の行使」にあたるとしたうえで、次のような理由から、乙さんには生活保護申請時において生活保護法四条三項が規定する「急迫した事由」が存在すると認定しました(6)。

①扶養義務者である夫は、認知症のため入院しており、夫の意思によって扶養義務をはたすことはできなかった。
②乙さんと同居している義弟は、乙さんに継続して暴行および暴言をおこない、乙さん名義の通帳等を取り上げるなどしており、乙さんを扶養する意思はなかった。
③乙さんには、乙さん名義の預金以外に資産はなかった。

④乙さんおよび乙さんの夫名義の預金・不動産は、名義とは異なり、夫以外の亡義父の相続人が権利を有する可能性がある金員および不動産であり、自己の生活費にあてようとしても、義弟が通帳を取り上げるなどしていたから不可能であった。
⑤乙さんは、入院により居所を得ていたものの、ほかに住居も収入もなく、退院を迫られれば生活のなすすべはなかった。

大分市は、乙さんの資産について名義等の客観的な事実からその帰属を判断すればよく、客観的にうかがい知れない事情まで考慮する必要はないと主張していたのですが、福岡高裁は乙さんの窮境の実態に踏み入り、この主張を退けたのです。

しかるに、二〇一四年七月一八日最高裁判所は、「外国人は、行政庁の通達等に基づく行政措置により事実上の保護の対象となりうるにとどまり、生活保護法の保護の対象となるものではなく、同法に基づいて受給権を有しないというべきものである」としたうえで、生活保護申請処分を却下したことは適法であるとしました。乙さんのおかれている窮境も、個人としての生活歴もまったく考慮されず、ただ「中国籍」という抽象的理由により、「急迫した」要保護状態という関係性を否定されたのでした。

5　自由——新しいことをはじめるという奇蹟

このような関係性の否定の問題点を、それとは対照的な態度である「隣人愛」についてのハンナ・アーレントの議論を参照することで、浮き彫りにしたいと思います。

アーレントは、ギリシア語のアルケインという言葉の背後に、自由であることと新しいことをはじめる能力とが一致する経験があることを指摘し、人間が自由であるのは、人間が一つのはじまりだからであり、人間であることと自由であることはまったく同一の事柄だと主張しています。そのうえで、アーレントは、ナザレのイエスの奇蹟は、意志ではなく信仰により、超自然的な出来事ではなく、出来事の自然的な連鎖、自動的な過程をさえぎるものとして現れていることを重視すべきだと言います。

自然の過程がそうであるように、有から無へ、誕生から死に至る自動的過程はその本性からして、人間の生命を滅ぼさずにおきません。しかし、人間はこの自動的過程に服しながらも、行為によってこの過程内部でそれに抗することができるというのです。そして、奇蹟を実演する人びとは、自由および行為という二つの天分を受け取っているゆえに、みずからのリアリティを樹立できる人びとであると、アーレントは結論づけます（アーレント『過去と未来の間』二二四—二三二頁）。

たしかに、ナザレのイエスが語った隣人愛の実践のたとえ話のうち、良きサマリア人のたとえ話（新約聖書ルカ福音書一〇章二五節以下）をみてみれば、①強盗に襲われて瀕死の重傷を負っている人という歴史的具体的状況にある人間に対して、②その場に通りかかって助ける能力が十分にある人びとに応答責任が生じるが、③それらの人びとのうち、行為によって応答責任を引き受けたサマリア人だけが、関係性をもつ「隣人」となったという意味で、アーレントのいう実践をよく示しています。

しかし、ここで大事なことはケンブリッジの青年が警告したように、そのような実践・行為が、関係性の切断ではなく、継続に発展していかなければならないということです。この点で、たとえ話のなかでサマリア人が、お金を渡した宿屋の主人に「この人を介抱してください。費用がもっとかかったら、帰りがけに払います」と言っている姿が、ホームレス状態にある人たちとの実践的かかわり方を象徴しているのではないでしょうか。

しかし、釜ヶ崎の現状はこのような実践とはほど遠い状況にあります。それどころか、唯一の生活の場であった「あいりん総合センター」が閉鎖されてしまったのです。

6　あいりん総合センターの閉鎖

釜ヶ崎の労働者の闘いの成果として、国、大阪府、大阪市が、労働の問題、福祉の問題に取り組み、建設現場などでの日雇労働に従事する労働者の福利を充実していかなければならないとして、一九七〇年、あいりん総合センターを竣工させました。建設費用は、当時のお金で約二二億五〇〇〇万円であり（ほとんどが税金から支出されています）、建設を請け負った元請会社の奥村組は「百年はもつ」と言っていたそうです。

あいりん総合センターは、釜ヶ崎の日雇労働者が、就労活動をし、そこで生活し、憩い、情報を交換し、雨の日も風の日も、追い立てられたり攻撃されたりする心配なく、段ボールを敷いて横になれる場所であり、釜ヶ崎の労働者にとっては文字どおりなくてはならない場所でした。

朝五時にシャッターが開き、夕方六時にシャッターが閉まるまで、解放されていました。地下にはシャワー室（一回一〇〇円）、一階には、求人の車が乗り入れて労働者と口頭で契約を結んで現場に出かけるための出会いのスペース（いわゆる相対方式による求人の場所）、売店が二か所、トイレ、温水の出る蛇口、洗面台、熱湯の出る給水管や、洗濯場、足洗い場、水飲み場、噴水があり、少し前までは、大きな食堂もありました。昔は「イコー」というコーヒー専門店もあったそうです。

二階には、理髪店とロッカールームがありました。三階は、あいりん労働公共職業安定所、公益財団法人西成労働福祉センター、娯楽室（碁と将棋ができます）があり、三軒の食堂が営業していました。

トイレは三階にもあり、一階とあわせると個室スペースだけで三五にもなります。西成労働福祉センター入口の前から階段をのぼると、玉出社会保険事務所の出張所がありました。シャッターが開き解放されている時間帯には、三階のフロア全体および一階の空きスペースに、合計一五〇人くらいの人たちが、段ボールを敷いて過ごしています。シャッターが閉じられると、なかにいた人はいったん外に追い出されます。シェルターに行く人もいますが、シャッターのすぐ外の庇の下に、二〇~三〇人が野宿生活をしていました。

あいりん総合センターのなかには、故本田良寛医師が初代院長であった社会福祉法人社会医療センターがありました。お金のない日雇労働者が、実質的に無料で医療行為を受けられる場所です。また一三階建ての市営第一住宅があり、低賃料(月額一律一万六八〇〇円)で、一七〇世帯の生活を支えてきました。

にもかかわらず、あいりん総合センターは、二〇一九年三月三一日で閉鎖されてしまいました。

西成労働福祉センターの仮移転場所となった南海ガードは、建築後八〇年以上経過しており、雨漏り、コンクリートの剝離などぼろぼろで、安全面での大きな問題もあります。その点は再三再四、まちづくり検討会議でも労働施設部会でも指摘されましたが、はじめに南海ガード下ありきで、一方的に押し切られてしまったのです。仮移転施設は、労働者の生活の場としてまったく機能しておらずとうてい納得できるものではありません。くわえて、西成労働福祉センターとあいりん労働公共職業安定所は将来的に現在の場所に戻ってくると、大阪府、国は言っていますが、肝心の建て替え後の建物の内容について、概要すらわからない状態で仮移転させられました。

7 釜ヶ崎の貧窮問答歌

二〇二〇年一二月、あいりん総合センター閉鎖から一年以上経っても、建て替え後の建物の青写真が示されません。わたしたちが心配していたとおり、労働者の生活場所も居場所も考えていないとしか言いようがありません。西成労働福祉センターとあいりん労働公共職業安定所の事務所スペースが入ると決まっているだけです。

結局、労働者、貧困者、ホームレス状態にある人たちの追い立てであることが判明しました。大阪府はあいりん総合センターの管理者として、二〇一九年一一月に、センター周囲の居住状況を確認する調査をおこないました。調査の結果、ブルーシートや寝具等によって起臥しているホームレス状態の人が多数おり、そのなかには、センター閉鎖前から住んでいた人もいるだけでなく、二〇一九年四月下旬のセンター閉鎖後に居住をはじめた人も相当数いることが判明したのです。

にもかかわらず、大阪府はこれらの人びとを排除するために、同年一二月に占有移転禁止の仮処分を申し立てました。大阪地方裁判所は、債務者不特定の占有移転禁止の仮処分を認める決定を二〇二〇年一月二四日に下し、同決定は同年二月五日に執行されています。

そして、大阪府は、二〇二〇年四月に占有物収去土地明渡の本案訴訟を提起しました。

日本国が批准する社会権規約一一条の適切な居住の権利は、ホームレス状態にある人に対し、まずなによりも国内法上違法とされる占有を含めた、占有の権利を認めたうえで、それらの人びとに対する強制排除の要件として、高度の公共性を要請するだけでなく、次の二つの条件を課しています。第一に真正な協議（はじめから結論が決まっていないという意味）を経て、第二に強制排除の前に恒久的な代替住居を提供しなければならない、と。

これは、社会権規約委員会が、締約国との建設的対話の結果集約した一般的意見4と7に明言されている規範です。適切な居住への権利の最小限の中核部分を形成し、各締約国裁判所を直接に拘束する裁判規範なのです。

にもかかわらず、大阪府は、適切な居住の権利を侵害する形態で、あいりん総合センターの周囲に住むホームレス状態にある人の占有を奪おうとしています。

これらの人びとがあいりん総合センターの周囲に住むようになったのは、二〇一九年三月三一日にセンターを閉鎖し、同年四月二四日には強制排除をおこなったためです。

センター閉鎖後、そこに残って抗議をつづけた労働者らが段ボールに「令和、この国は冷たい和」という歌を書きました。山上憶良は、元号「令和」の典拠となった梅の歌序にある「令月和風」（美しい月とやわらぐ風）が詠まれた歌会に出席していましたが、同じ天平二（七三〇）年ごろ、代表作となった貧窮問答の歌を詠んでいます。

烈風吹きすさび雨雪さえまじる冬の夜に、一人の貧者が、彼よりもなお貧しい隣人と交わした問答を内容とする歌ですが、最後に、「世の中を厭（う）しと恥（やさ）しと思へども飛び立ちかねつ鳥にしあらねば」という短歌で結ばれています（北山『萬葉の時代』九三―一〇四頁）。天平の貧窮問答の歌は、「飛び立ちかねつ」で終わっています。しかし、釜ヶ崎の貧窮問答歌においては、貧窮にあって飛び立ちかねている人びとを、なお追い立てるというのです。

わたしたちの生きる時代に、「その場に存在する権利」が認められなければならないことを、釜ヶ崎の貧窮問答歌は訴えているのではないでしょうか。

なお、二〇二〇年一二月一日、大阪地方裁判所第一民事部は、大阪府が七月に申し立てた明渡断行仮処分申立に対し、却下する決定を下しました。裁判所がホームレス状態にある人びとの窮境を考慮し、排除の流れに棹差さず、抗する決定を下したのははじめてです。とくに、「保全の必要性」を判断する際に、「本件敷地全体については、利用イメージ案が示されているにすぎず、個々具体的な利用計画に関しては……示されていない段階にあること」が基礎に置かれたことが重要だと思います（巻末付録）。

大阪府は抗告を断念し、本案訴訟判決が出るまでは、少なくとも追立てはないことが確定しました。大阪地裁決定は、一方で、ホームレス状態にある人びとの占有について、正当性を一切認めていません。闘いは、まだまだこれからです。

注

（1）大阪市西成区役所「特定施設を住所とする転入届・転居届に係る窓口対応についての臨時監察――結果報告」（二〇〇七年四月二三日）。大阪市ホームページ掲載。

（2）二〇二〇年六月一七日、総務省自治行政局住民制度課長は、各都道府県市区町村担当部長宛に、「ホームレス等に対する住所認定の取扱いについて」という通知を出した。そこでは、たしかに、シェルターなどの一時宿泊所においても、居住期間の長さにかかわらず、住所認定ができる旨が記載されている。しかし、住所要件は外されていない。テント家屋で起居するホームレス状態にある人びとが対象外であることもまた確認されることとなった。

（3）わたしが、以下に述べる三つの事例を一つの視点から認識できるようになったのは、ジェンダー法学会における岡野八代の報告に触発されたからであった（岡野「総論：ケアの倫理の社会的可能性」『ジェンダー法学』第一二号一二頁）。

（4）大阪地方裁判所第七民事部平成二五年（行ウ）第四四号保護廃止決定取消等請求事件。なお、上記訴訟は、二〇一六年二月九日に、甲さんの死亡により終了した。しかし、訴訟継続中の二〇一五年三月三一日をもって、大阪市立更生相談所は廃止された。

（5）最高裁判所第二小法廷二〇一四年七月一八日判決（判例地方自治三八六号七八頁）。原告代理人による判例批判として、瀬戸「外国人の生活保護訴訟」『法学セミナー』七二一号一九頁。瀬戸弁護士によれば、原告は一九三二年五月五日に京都で出生した中国籍の永住資格者である。日本で教育を受け、生活し、母語は日本語である。中国に行ったことは一度もなく、中国語も知らず、日本で就労し、税金等の公租公課を納め、国籍を除けば、生活歴ないし生活実態は日本国籍者とまったくかわらなかったという。

（6）福岡高裁二〇一一年一一月一五日判決（『判例タイムズ』一三七七号一〇四頁）。

結　あまり普遍的ではない後書き

点の軌跡

本書を執筆しているあいだじゅう、丸山眞男の次の言葉が、頭を離れませんでした。

状況に働きかける行為以外に主体はない。行為そのもの、働きかけるという行為を通して主体がある。その根源に実体としての主体はない、そんなものは肉体的な存在があるだけです。それは精神の上で何ものも意味しない、点でいいんです。しょっちゅう変貌する状況、その状況に働きかける場合、その行為の軌跡をつないで行けば、そこに主体が出る。それが責任の問題です。（丸山「点の軌跡――『沖縄』観劇所感」『丸山眞男集第9巻』一四二―一四三頁）

この言葉は、序で引用した木下順二の戯曲「沖縄」に対するコメント、「点の軌跡――『沖縄』観劇所感」のなかにあります。「沖縄」のなかで丸山が注目したのは、秀という沖縄の女性が山野という元日本兵（秀とともに招集された沖縄の学生を軍の命令で殺した）の綱を「断ち切る」ことでした。丸山は、この「断ち切る」の意味を、沖縄の日本に対する復讐や対立ではなく、沖縄対日本という枠組み自体を「断ち切る」ことだと捉えました。日本は日本、沖縄は沖縄というように、内と外で考えているかぎりは、ほんとうの意味での責任を問うことはできないのではないか、と丸山はいうのです。いったん状況から自らを「断ち切る」ことが必要なのだと。

木下の戯曲「沖縄」は、一九六〇年代の、アメリカ軍政下の周囲二〇キロの小さな島が舞台となっています。日本兵からもアメリカ兵からも犯された秀が、島に戻って司（巫女）にさせられそうになりますが、拒否します。日本からもアメリカからも捨てられ、沖縄さえも「断ち切る」ことではじめて、「どうしてもとりかえしのつかんことを、どうしても取り返す」何かをすることができたのです。秀は、自分の行為の責任（それは沖縄の責任でもあるのですが）を背負って崖から飛び降ります。木下順二の代表作である『夕鶴』の主人公つうが、最後に「点」となって飛び去っていったように。

木下順二の友人であり、よき理解者でもある丸山が、「断ち切る」ということの痛切な意味を説き、沖縄対日本という対立図式を否定したことは、日本人の民族的原罪意識の問題を中心テーマとして「沖縄」を読むことに対し、疑問符をつけることです。それはとりもなおさず、本書の枠組みへの警告でもあります。

くわえて、丸山が、面積や長さをもたない点（＝しがらみをもたない）としての個人の責任の問題を提示していることは、わたしという「人間」の個人的記憶から出発して集合的記憶を想起しつづける本書の試み自体への批判でもあります。

にもかかわらず、わたしは本書で「個人的記憶のなかに想起しつづける集合的記憶」という枠組みを維持しました。それは、丸山眞男もまた、自己の学問の出発点を「個人的記憶のなかに想起しつづける集合的記憶」においていたことを知ったからです。

二〇世紀最大のパラドックス

丸山眞男は、敗戦後三〇年の八月一五日を記念する講演で、はじめて自己の学問の出発点となった二つの個人的体験について語りました。単に個人的体験を語っただけでなく、そのことがどのような思想史的意味をもつのかについて、きわめて明晰に語ったのです（丸山「二十世紀最大のパラドックス」『丸山眞男集第9巻』二八七頁）。

その一つは、丸山が旧制高校に在学していたときに、特別高等警察に逮捕された経験です。ドストエフスキーのいう「懐疑のるつぼのなかで鍛えられた信仰」を参照して、「国体」がこのような懐疑に耐えているのかという疑問を丸山は日記に書きました。それを示されながら、「おまえは君主制を否定するのか」と問い詰められた際、「否定したつもりはありません」と答えようとしたら、いきなり猛烈な罵声と鉄拳が飛んできたという体験です。

丸山はこの体験を反省するなかで、戦前から戦後の巨大な思想的転換の意義がどこにあるのかを知ったといいます。戦前に疑問を抱くことと否定することの区別がなかったのは、君主制＝天皇制を受け入れるか受け入れないかの選択の余地がなかったからです。そして、彼は戦後に生きる人びとに、こう問いかけます。疑問に思うことさえ認められなかったときに天皇制を受け入れたのと、天皇制を否定する選択肢があるにもかかわらず天皇制を受け入れるのと（積極的にであれ、受動的にであれ）、その意味はまったくちがうのではないかと。ここから、象徴天皇制を受け入れることとの責任の問題がでてきます。

二番目の体験は、東京帝国大学法学部の助教授であった丸山が、二度目の招集を受け宇品の司令部で軍務についていたとき、爆心地から五キロの地点で被爆したことです。閃光は目にしたものの、建物の影にいたため熱風を受けずに生き残った丸山は、終生「生きてるんだな」という死と隣り合わせの実感をもちつづけました。核兵器のもとで、戦争が内と外にいる両方の人にまったく不条理に死をもたらす事実こそ、軍隊ではなく国家そのものの定義を変えてでも、憲法九条の非武装を維持しようとする丸山の平和的生存権の出発点でした。

丸山眞男の戦後三〇年の八月一五日は、敗戦のその日、子を想って死んでいった母親の思い出の想起ではじまっています。母親の残した歌が、丸山をして個人的体験を語らせたのでした。

召されゆきし吾子《あこ》をしのびて病床に泣くはうとまし不忠の母ぞ

自分の子どもが名誉ある戦死を遂げたとして喜ぶべきなのに、悲しみがわいてきて抑えようがないという相克のなかに生きざるをえなかった母。彼女へのレクイエムとして、丸山は「個人的記憶のなかに想起しつづける集合的記憶」を語ったのでした。

亡き母へのレクイエム

わたしも本書を亡き母へのレクイエムとしたいと思います。

わたしの母は、二〇一五年四月二三日、大阪・住吉にある市営住宅の一室で、八六歳の生涯を終えました。癌が発見されて四か月余りの闘病生活でした。連れ合いの李鍾和が毎日入院先の病院に見舞いに行き、手を握りしめながら母の半生のさまざまな話を聴いてくれました。わたしにも話したことがない父との馴れ初めや、小学校のわたしを理解できなくて悩んだことなどなど。鍾和は、母からたくさんの宝物をもらったと言っています。

母は、一九二九年一月一〇日に、山梨県で生まれました。戦後二期目の女性警察官となり、少年補導係を務めていました。二〇〇〇年の四月に住吉に移住するまで山梨を離れたことはありません。住吉に来てからは、寿湯という銭湯で仲間になった人たちと交際していました。老人会でいっしょに旅行をしたり、江州河内音頭を聴いたり、充実した第二の人生だったと思います。

母は、山梨にいたころ、労働組合の集会に紛れ込んで内偵する仕事をしたことがあるそうです。その母が、住吉解放会館の廃止に反対して、市役所前の抗議活動に参加し、ゼッケンをつけてシュプレヒコールを叫んでいました。住吉は旧熊野街道沿いにあり、住吉大社の近くにある村ですが、住吉大社の祭礼なのに御神輿が住吉の集落を避けてなかに入ってこないといって、たいへん怒っていました。「あんな祭りに行くもんか」、と。

母の戦争体験は、甲府の空襲体験でした。百石町という中心街に住んでいた母は、自分の母親といっしょに焼夷弾の火事から逃げまわり、飯田の県営球場がある場所までたどりついたそうです。そこに逃げてきた人のなかに、臨月の妊婦さんがいて、不発の焼夷弾の破片がそのお腹に刺さっていたということを話してくれました。

もう一つの母の空襲体験があります。それは、すぐ上の兄の「天皇体験」でした。警察官だった叔父は、空襲の夜、長靴を履いて、避難誘導、救助作業に従事したそうです。明け方警察署に戻ると、黒焦げになった長靴を見た上司から、「天皇陛下の恩賜の長靴を焦がすこと何事か」と怒鳴られたというのです。このことがあったせいか、母は天皇とか、日の丸とかが大嫌いでした。

一九九二年の八月一五日に父が亡くなってから、母は水泳をはじめ、世代別ではけっこういいところまでいったのですが、全国大会には行きませんでした。「日の丸が表彰式で掲揚されるような大会には行くもんか」というのが理由です。

「個人的記憶のなかに想起しつづける集合的記憶」を語る本書は、父が幼いわたしに読んでくれた木下順二の「陽気な地獄破り」からはじまりました。もしかすると、ほんとうは、わたしの記憶にさえない、母から受け継いだ「恨」（ハン）にルーツがあるのかもしれません。

その意味で、本書を母塚原千鶴子の思い出に捧げさせていただくことにします。

＊　＊　＊

本書は、『人権という幻――対話と尊厳の憲法学』の続篇という意味をもちます。文章だけでなく、構想全体にわたるアドバイスを惜しまなかった、勁草書房の鈴木クニエさんの存在があってはじめて完成しました。

本書の成立について、お世話になった方々に感謝の言葉を述べさせていただきます。

まず、日本基督教団の金顕球（キム・ヒョング）牧師に。金牧師は、私のティリッヒについての先生であるのみならず、「その場に存在する権利」が人権の中核にあることを、滞日経験の深みから教えてくださったからです。第二次大戦後、英国で出版されたNew English Bibleは、ローマ書一二章一〇節の翻訳として、“Give pride of place to one another in esteem”を採用しました。「互いに尊敬しなさい」ということを越えて、最高の地位を与え合いなさいという意味です。その場に存在することを無視される経験のなかで、にもかかわらず（in spite of）闘いつづけることを促す掟です。

次に、ドイツ文化圏にはまったく不案内のわたしに、ドイツ語文献との照合、文献の入手を含めて導き手となってくださった、龍谷大学法科大学院の金尚均（キム・サンギュン）教授と、早稲田大学文学研究科院生の遠藤愛明さんにも感謝します。

最後に、「死ぬ日まで空を仰ぎ」の道を、一人ではなくともに歩めることに感謝して、愛する妻、李鍾和（イ・ジョンファ）にも感謝のハートを贈らせてください。

参考文献

芦部信喜『憲法〔新版補訂版〕』（岩波書店、一九九九年）
――『宗教・人権・憲法学』（有斐閣、一九九九年）
新井利男・藤原彰編『侵略の証言』（岩波書店、一九九九年）
蟻川恒正『憲法解釈権力』（勁草書房、二〇二〇年）
アーレント、ハンナ（引田隆也・斎藤純一訳）『過去と未来の間』（みすず書房、一九九四年）＝"Between Past and Future", Penguin Classics, 2006.
安重根（伊東昭雄訳）「東洋平和論」『世界』（岩波書店、二〇〇九年一〇月号）
家永三郎『憲法・裁判・人間』（名著刊行会、一九九七年）
石川健治「統治のヒストーリク」奥平康弘・樋口陽一編『危機の憲法学』（弘文堂、二〇一三年）
稲垣浩「西成労働福祉センターとあいりん労働公共職業安定所」季刊『釜ヶ崎9』（釜ヶ崎解放会館、一九八三年）
猪木正道・和田春樹・内海愛子・大沼保昭「座談会・戦後責任――十五年戦争と植民地支配責任の受けとめ方」『法律時報』（六一巻九号九頁、日本評論社、一九八九年）
岩波書店編『記録・沖縄「集団自決」裁判』（岩波書店、二〇一二年）
ウェールズ、ニム／キム・サン（松平いを子訳）『アリランの歌』（岩波文庫、一九八七年）
内田博文『治安維持法の教訓――権利運動の制限と憲法改正』（みすず書房、二〇一六年）
江藤祥平『近代立憲主義と他者』（岩波書店、二〇一八年）
遠藤比呂通『自由とは何か――法律学における自由論の系譜』（日本評論社、一九九三年）

――『人権という幻――対話と尊厳の憲法学』（勁草書房、二〇一二年）
――『希望への権利――釜ヶ崎で憲法を生きる』（岩波書店、二〇一四年）
――「3・11を心に刻んで」岩波書店編集部編『3・11を心に刻んで2015』（岩波ブックレット、二〇一五年）
――「ホームレス状態にあること」『ジェンダーと法』第一二号五〇頁（二〇一五年）
――「解題　現代文明の危機と人類の未来」沖浦和光著作集第3巻『現代文明の危機と人類の未来』（現代書館、二〇一七年）四一三頁
――「書評・金尚均『差別表現の法的規制』（法律文化社）」『法律時報』（九〇巻一一号、日本評論社、二〇一八年）
――「書評『竹の民俗誌［新装版］――日本文化の深層を探る』（現代書館、二〇一八年）」『季刊はぬるはうす』第五七号三八頁（二〇一八年）
――「柳の枝に箏を掛ける」『判例時報・私の心に残る裁判例第一巻』（判例時報社、二〇一九年）一八頁
――「法を侵す権力――沖縄と釜ヶ崎の現場から考える」『情況』（二〇一九年春号、情況出版）六四頁
欧陽文彬（三好一訳）『穴にかくれて14年』（新読書社、二〇〇二年）
大江健三郎『沖縄ノート』（岩波新書、一九七〇年）
――『晩年様式集』（講談社、二〇一三年）
岡野八代「総論：ケアの倫理の社会的可能性」『ジェンダーと法』第一二号一二頁（二〇一五年）
小笠原亮一・姜信範他『三・一独立運動と堤岩里事件』（日本基督教団出版局、一九八九年）
沖浦和光『近代の崩壊と人類史の未来』（日本評論社、一九八〇年）
――『部落史の先駆者・高橋貞樹――青春の光芒』（筑摩書房、二〇一五年）
――『沖浦和光著作集第4巻　遊芸・漂泊に生きる人びと』（現代書館、二〇一六年）
――『竹の民俗誌［新装版］――日本文化の深層を探る』（現代書館、二〇一八年）
翁長雄志「沖縄は新基地を拒む」『世界』（岩波書店、二〇一六年一月号）

奥平康弘『治安維持法少史』（岩波現代文庫、二〇〇六年）
金井愛明「インティファーダ」『京都ＹＷＣＡ新聞』一九九一年一〇月五日号
――「隣人と生きるクリスマス」『日本基督教団大阪教区ニュース』一九九六年一二月二一日号
刈部直『丸山眞男――リベラリストの肖像』（岩波新書、二〇〇六年）
嘉戸一将『主権論史――ローマ法発見から近代日本へ』（岩波書店、二〇一九年）
角松生史「『固有の資格』と『対等性』」『法律時報』（八七巻一二号三九頁、日本評論社、二〇一五年）
金井光生『フクシマで〝日本国憲法〈前文〉〟を読む』（公人の友社、二〇一四年）
釜ヶ崎資料センター編『釜ヶ崎　歴史と現在』（三一書房、一九九三年）
神戸秀彦「農地の放射能汚染と原状回復訴訟」『関西学院大学　法と政治』七一巻一号一一三頁（二〇二〇年）
北山茂夫『萬葉の時代』（岩波新書、一九五四年）
木下順二『花若・陽気な地獄破り』（未來社、一九六六年）
――『子午線の祀り・沖縄他一篇』（岩波文庫、一九九九年）
――『木下順二集――戦後文学エッセイ選８』（影書房、二〇〇五年）
行政法研究者有志一同「辺野古埋立承認問題における政府の行政不服審査法制度の濫用を憂う」『世界』（岩波書店、二〇一六年一月号一〇〇頁）
清宮四郎『憲法Ｉ［第三版］』（有斐閣、一九七九年）
金尚均『差別表現の法的規制』（法律文化社、二〇一七年）
ケルゼン、ハンス（清宮四郎訳）『一般国家学』（岩波書店、一九七一年）
『原文万葉集（上）』（岩波文庫、二〇一五年）
権南希「強制動員被害者の請求権、司法判断と外交」『法律時報』（九一巻二号四頁、日本評論社、二〇一八年）
小泉良幸「憲法13条論の現在」『憲法研究』第四号三一頁（二〇一八年）
後藤貞人「釜ヶ崎と法律」季刊『釜ヶ崎８』（釜ヶ崎解放会館、一九八二年）
木庭顕『憲法９条へのカタバシス』（みすず書房、二〇一八年）

小早川光郎『行政法　上』（弘文堂、一九九九年）
小森陽一『天皇の玉音放送』（朝日文庫、二〇〇八年）
齋藤直子『結婚差別の社会学』（勁草書房、二〇一七年）
坂口ふみ『信の構造』（岩波書店、二〇〇八年）
阪田雅裕編著『政府の憲法解釈』（有斐閣、二〇一三年）
シュトラウス、レオ（添谷育志・谷喬夫・飯島昇藏訳）『ホッブスの政治学』（みすず書房、一九九〇年）
シュミット、カール（田中浩・原田武雄訳）『政治的なものの概念』（未來社、一九七〇年）
――――（田中浩・原田武雄訳）『政治神学』（未來社、一九七一年）
――――（尾吹善人訳）『憲法理論』（創文社、一九七二年）
新潮日本古典集成『竹取物語』（新潮社、一九七九年）
鈴木亘『経済学者日本の最貧困地域に挑む』（東洋経済新報社、二〇一六年）
ストローム、エリザベート『喜望の町――釜ヶ崎に生きて二〇年』（日本基督教団出版局、一九八八年）
瀬戸久夫「外国人の生活保護訴訟――外国人は日本の構成員ではないのか」『法学セミナー』（七二一号一九頁、日本評論社、二〇一四年）
祖川武夫『国際法と戦争違法化』（信山社、二〇〇四年）
ダイゼンハウス、デイヴィッド（池端忠司訳）『合法性と正当性』（春風社、二〇二〇年）
タウベス、ヤーコプ（高橋哲哉・清水一浩訳）『パウロの政治神学』（岩波書店、二〇一〇年）
高橋貞樹（沖浦和光校注）『被差別部落一千年史』（岩波文庫、一九九二年）
多木浩二『天皇の肖像』（岩波新書、一九八八年）
武田清子『背教者の系譜』（岩波新書、一九七三年）
千葉勝美『違憲審査――その焦点の定め方』（有斐閣、二〇一七年）
ティリッヒ、パウル（谷口美智雄訳）『信仰の本質と動態』（新教出版社、一九六一年）
寺島俊穂抜粋・解説『復刻版　戦争放棄編』（三和書籍、二〇一七年）

永尾俊彦『ルポ・「日の丸・君が代」強制』（緑風出版、二〇二〇年）
日本戦没学生記念会編『新版　きけ　わだつみのこえ――日本戦没学生の手記』（岩波文庫、一九九五年）
西成田豊『中国人強制連行』（東京大学出版会、二〇〇二年）
バーガー、ピーター（薗田稔訳）『聖なる天蓋――神聖世界の社会学』（ちくま学芸文庫、二〇一八年）
長谷部恭男『憲法の理性』（東京大学出版会、二〇〇六年）
――『憲法　第七版』（新世社、二〇一八年）
畠山武道「米軍普天間飛行場の辺野古移設問題」『法律時報』（八七巻七号一頁、日本評論社、二〇一五年）
ハマーショルド、ダグ（鵜飼信成訳）『道しるべ』（みすず書房、一九六七年）
林知更『現代憲法学の位相』（岩波書店、二〇一六年）
林光・木島始詩『カンタータ脱出』（一ツ橋書房、一九九五年）
半田滋『検証自衛隊・南スーダンPKO』（岩波書店、二〇一八年）
樋口陽一「憲法9条と立憲主義」『法学セミナー』（日本評論社、二〇〇七年一一月号）
――「『危機』への知の対応」奥平康弘・樋口陽一編『危機の憲法学』（弘文堂、二〇一三年）
広中俊雄「主題（個人の尊厳と人間の尊厳）に関するおぼえがき」広中俊雄責任編集・『民法研究』（第四号、信山社、二〇〇四年）
深井智朗『パウル・ティリヒ　「多く赦された者」の神学』（岩波現代全書、二〇一六年）
福岡陽子『音楽は心で奏でたい――「君が代」伴奏拒否の波紋』（岩波ブックレット、二〇〇五年）
福島重雄・大出良知・水島朝穂編著『長沼事件平賀書簡』（日本評論社、二〇〇九年）
藤田宙靖『最高裁回想録――学者判事の七年半』（有斐閣、二〇一二年）
布施柑治『ある弁護士の生涯――布施辰治』（岩波新書、一九六三年）
部落解放・人権研究所編『人権侵害にかかわる差別事例判例集』（解放出版社、二〇二〇年）
ヘラー、ヘルマン（安世舟訳）『国家学』（未來社、一九七一年）
――（大野達司他訳）『主権論』（風行社、一九九九年）

ベンヤミン、ヴァルター（鹿島徹訳・評注）『歴史の概念について』（未來社、二〇一五年）
本田哲郎『釜ヶ崎と福音』（岩波現代文庫、二〇一五年）
丸山眞男『日本の思想』（岩波新書、一九六一年）
――『戦中と戦後の間』（みすず書房、一九七六年）
――「憲法第九条をめぐる若干の考察」『後衛の位置から』（未來社、一九八二年）
――『「文明論之概略」を読む・下』（岩波新書、一九八六年）
――「点の軌跡――『沖縄』観劇所感」『丸山眞男集第9巻』（岩波書店、一九九六年）
――「二十世紀最大のパラドックス」『丸山眞男集第9巻』（岩波書店、一九九六年）
――「サンフランシスコ講話・朝鮮戦争・六〇年安保」『丸山眞男集第15巻』（岩波書店、一九九六年）
水野直樹・文京洙『在日朝鮮人――歴史と現在』（岩波新書、二〇一五年）
美濃部達吉『新憲法概論』（有斐閣、一九四七年）
――『新憲法の基本原理』（国立書院、一九四七年）
――（高見勝利解説）『憲法講話』（岩波文庫、二〇一八年）
美濃部亮吉『苦悶するデモクラシー』（文藝春秋、一九五九年）
宮澤俊義『憲法講義案』（自費出版、一九三六年）
――『憲法講話』（岩波新書、一九六七年）
――『天皇機関説事件――史料は語る（下）』（有斐閣、一九七〇年）
――『憲法Ⅱ――基本的人権〔新版〕』（有斐閣、一九七一年）
――（高見勝利解説）『転回期の政治』（岩波文庫、二〇一七年）
村上重良『慰霊と招魂――靖国の思想』（岩波新書、一九七四年）
――『天皇の祭祀』（岩波新書、一九七七年）
村上春樹『ねじまき鳥クロニクル 第1部 泥棒かささぎ編』（新潮文庫、一九九七年）
――『ねじまき鳥クロニクル 第2部 予言する鳥編』（新潮文庫、一九九七年）

――『ねじまき鳥クロニクル 第3部 鳥刺し男編』（新潮文庫、一九九七年）
――『騎士団長殺し 第1部 顕れるイデア編』（新潮社、二〇一七年）
――『騎士団長殺し 第2部 遷ろうメタファー編』（新潮社、二〇一七年）
――「猫を棄てる――父親について語るときに僕の語ること」『文藝春秋』（第九七巻第六号、文藝春秋社、二〇一九年）
メール、マーガレット（千葉功・松沢裕作他訳）『歴史と国家』（東京大学出版会、二〇一七年）
森越智子（谷口広樹絵）『生きる――劉連仁の物語』（童心社、二〇一五年）
柳父圀近『エートスとクラトス』（創文社、一九九二年）
ヤスパース、カール（橋本文夫訳）『われわれの戦争責任について』（ちくま学芸文庫、二〇一五年）
山崎充彦「ヘルマン・ヘラーの国家正当化論について」『同志社法学』（四一巻二号一三五頁、一九八九年）
――「ヘラー国家論における倫理的法原則について」『同志社法学』（四三巻三号七七頁、一九九一年）
山田孝雄『君が代の歴史』（講談社学術文庫、二〇一九年）
山梨時事新聞社『日川高校物語』（山梨時事新聞社、一九六七年）
山辺健太郎『日本統治下の朝鮮』（岩波新書、一九七一年）
山本晴太・川上詩朗・殷勇基・張界満・金昌浩・青木有加『徴用工裁判と日韓請求権協定』（現代人文社、二〇一九年）
山本義隆『福島の原発事故をめぐって』（みすず書房、二〇一一年）
――『近代日本一五〇年――科学技術総力戦体制の破綻』（岩波新書、二〇一八年）
尹東柱詩集・金時鐘編訳『空と風と星と詩』（岩波文庫、二〇一二年）
吉野作造・松尾尊兊編『中国・朝鮮論』（平凡社東洋文庫、一九七〇年）
吉野せい『洟をたらした神』（中公文庫、二〇一二年）
ラートブルフ、グスタフ（田中耕太郎訳）『ラートブルフ著作集　第1巻　法哲学』（東京大学出版会、一九六一年）

――（小林直樹訳）「実定法の不法と実定法を超える法」『ラートブルフ著作集　第4巻　実定法と自然法』（東京大学出版会、一九六一年）
渡辺秀樹『芦部信喜――平和への憲法学』（岩波書店、二〇二〇年）
和田春樹「韓国併合100年と日本人」『思想』（岩波書店、二〇一〇年一月号）。
和辻哲郎『国民統合の象徴』（勁草書房、一九八四年）

Amar, Akhil Reed "The Bill of Rights", Yale University Press, 1998.
Arendt, Hannah "The Human Condition 2nd Ed.", The University of Chicago Press, 1958.
Black, Jr., Charles L. "The People and the Court", Prentice-Hall Inc., 1960.
――"Structure and Relationship in Constitutional Law", Louisiana State University Press, 1969.
Cicero , Marcus Tullius "*On Duties*", Cambridge Texts in the History of Political Thought, 1991
Dass, Bhagwan, James Massey ed., "*Dalit Solidarity*", ISPCK, Delhi, 1995.
Ely , John Hart "*Democracy and Distrust*", Harvard University Press, 1980.
Freund , Paul "*The Supreme Court of the United States*", The World Publishing Company, 1961.
Hobbes (ed. by Richard Tuck), "*Leviathan*", Cambridge Texts in the History of Political Thought, 1991.
Matsuda, Mari, Charles R. LawrenceⅢ, Richard Delgado, Kimberle Williams Crenshaw, "*Words that Wound*", Westview Press, 1993.
Martin, Lou "*Can we save true dialogue in an Age of Mistrust ?*", Critical Currents No.8, 2010.
Perry, Michael J. "*Morality, Politics, and Law*", Oxford University Press, 1988.
Tillich , Paul "*The Shaking of the Foundations*", Charles Scribner's Sons, 1948.
――"*The New Being*", Charles Scribner's Sons, 1955
――"*Systematic Theology Vol.1-3*", The University of Chicago Press, 1951, 1957, 1963.
――"*The Eternal Now*", Charles Scribner's Sons, 1963

Tribe, Laurence H. "*The Invisible Constitution*", Oxford University Press, 2008.
Tuck, Richard "*Hobbes*", Oxford Past Masters Series, 1989.
Waldron, Jeremy "*The Harm in Hate Speech*", Harvard.U.P., 2012.

面　積　833.77㎡

5　上記1ないし4の土地のうち，別紙図面の斜線部分合計約1976.41平方メートル

（別紙）

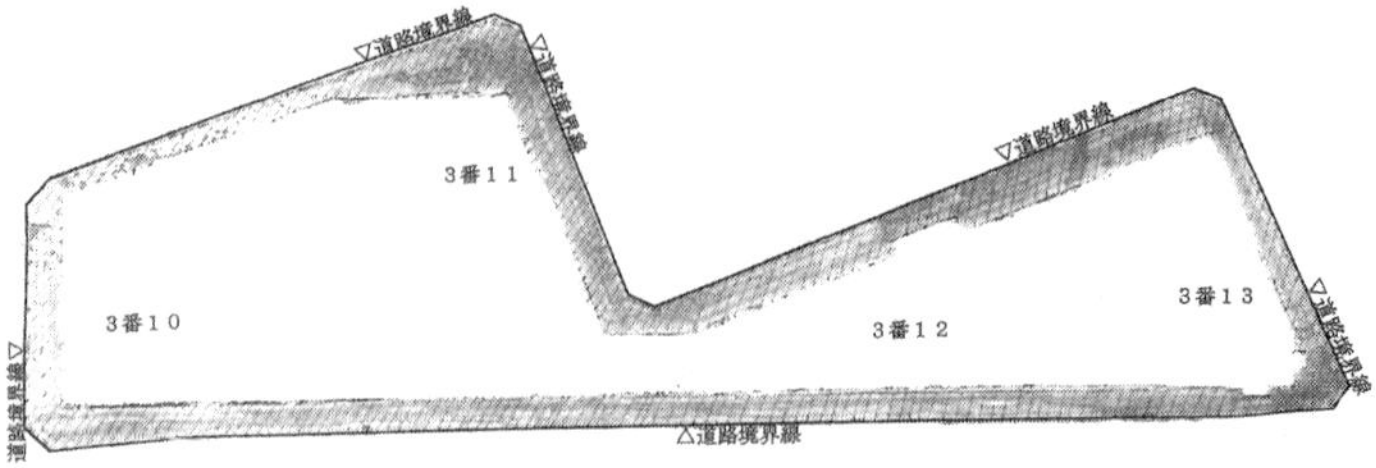

以　上

同復代理人弁護士　福岡　智彦
同　稲辺　大志
同　橋本　亮太
債権者指定代理人　松尾　弘毅
同　松好　一憲
同　山内　悠樹
同　藤田　洋一

大阪市西成区萩之茶屋２丁目５番23号釜ヶ崎解放会館２階

債務者　Ｉ他28名

以下略

Ｉら７名代理人弁護士　武村　二三夫
同　遠藤　比呂通
同　牧野　幸子

（別紙）

物件目録

１　所　在　大阪市西成区萩之茶屋１丁目
　　地　番　３番10
　　地　目　宅地
　　面　積　2702.45㎡
２　所　在　大阪市西成区萩之茶屋１丁目
　　地　番　３番11
　　地　目　宅地
　　面　積　908.13㎡
３　所　在　大阪市西成区萩之茶屋１丁目
　　地　番　３番12
　　地　目　宅地
　　面　積　1914.66㎡
４　所　在　大阪市西成区萩之茶屋１丁目
　　地　番　３番13
　　地　目　宅地

⑹　小括

以上のとおり，本件建物建替計画に関しては，現時点においてもなお，未確定な部分が多く（上記３⑴），また，債務者らによる本件土地占有及び本件本案訴訟の帰趨によって債権者等が立案した計画が変更されることがあったとしても，まちづくり会議等の参加団体と債権者等との信頼関係に悪影響が及ぶとは考え難いのであって（上記３⑵），これらの点に，本件申立てに至る経緯（前提事実⑷記載の本件に関連する裁判等の手続）を併せ鑑みると，本件土地管理上の問題（上記３⑶）のほか，本件建物の耐震性の点（上記３⑷）や債務者らの不利益の点（上記３⑸）を考慮したとしても，本件本案訴訟の結果を待っていては債権者の目的達成のために不十分であり，債権者に著しい損害又は急迫の危険が生じるなど，本件申立てに係る保全の必要性があるとは認められない。

４　結論

以上によれば，債権者の本件申立てについては保全の必要性について疎明があるとはいえず，その余の点（争点２，３）について判断するまでもなく理由がないから，これを却下することとし，主文のとおり決定する。

令和２年12月１日

大阪地方裁判所第１民事部

裁判長裁判官　内　藤　裕　之

裁判官　相　澤　千　尋

裁判官　井　谷　　　喬

（別紙）

当　事　者　目　録

大阪市中央区大手前２丁目１番22号

債　権　者　大　阪　府

同代表者知事　吉村　洋文

同代理人弁護士　田上　智子

ころ，これらの経緯や各種会議における議論内容等からすると，債権者として，本件建物の建替え等に当たって，本件建物の耐震性を喫緊の課題であると認識していたとはうかがわれない。以上の点に鑑みると，本件に関する保全の必要性を検討するに当たって，本件建物の耐震性の点を殊更重視するのは相当とはいえず，少なくとも本件建物の耐震性の点をもって，本件本案訴訟の結果を待っていては債権者の目的達成のために不十分であり，債権者に著しい損害又は急迫の危険が生じているとまでは認められない。

(5) 債務者らに係る不利益の点について

債権者は，前記第2の4(4)（債権者の主張）エにおいて，本件土地を仮に明け渡すことにより発生する債務者らの不利益はほとんどない旨主張する。

ア　確かに，債務者らは，債務者らによる本件土地占有の正当性について縷々主張するものの（前記第2の4(2)(3)における各債務者の主張），一件記録を精査しても，債務者らに本件土地を占有する権原があるとか，債権者による明渡請求が権利濫用等に該当することを認めるに足りる的確な疎明がなされているとはいえない。また，大阪市等の行政機関が，野宿生活者に対し，生活相談会を実施し生活保護の受給を促すなど一定の配慮を行ってきたこと（認定事実(6)）を考え合わせると，本件において，債務者らの本件土地占有を保護すべき個別具体的な事情があると認め難い。

イ　しかしながら，そのような債務者らの状況等を前提にしたとしても，上記(1)ないし(4)で認定説示した点（本件申立てに係る保全の必要性に関する問題点）を総合的に勘案すると，本件本案訴訟の結果を待つことによる著しい損害等が債権者に生じているとまでは認められず，この点をもって，本件における保全の必要性があるとはいえない。

なお，債権者は，前記第2の4(4)（債権者の主張）エにおいて，債務者らが，暴力的に奪取して占有を開始した点を挙げているところ，債務者の中には，いささか乱暴な態様による占有開始の事実がうかがわれるものの，債権者が主張するような暴力的な占有奪取とまでいえる事実があったとまでは認められず，債権者の上記主張は，上記認定説示した点を覆すには足りない。

ると，債権者の上記主張は，採用することができない。

(3)　本件土地管理上の問題の点について

債権者は，前記第2の4(4)（債権者の主張）ウ記載の点を挙げて，保全の必要性がある旨主張する。

確かに，上記2(5)で認定した事実によれば，債務者らが本件土地を占有していることと，本件土地上に可燃物と思しきものが置かれていることには相関関係があるということができ，可燃物が置かれているが故に，火災が発生したとも考え得る。

しかしながら，上記火災はいずれも早期に消火されるなどして小規模にとどまっていること，防犯カメラについても，少なくとも現時点ではその機能に支障が生じているとまではうかがわれないこと，以上の点からすると，債務者らの本件土地占有により，同土地の管理上一定の問題が生じているという点を踏まえたとしても，その程度が重大であるとまでいうことはできず，これにより債権者に著しい損害又は急迫の危険が存在するとは認められない。

(4)　本件建物の耐震性の点について

債権者は，前記第2の4(4)（債権者の主張）ア記載の点を挙げて，保全の必要性がある旨主張する。

ア　確かに，上記認定事実(2)によれば，本件建物の耐震性には問題があり，震度6以上の地震が発生した場合には崩壊又は倒壊するおそれが高いということができること，大阪府内において震度6以上の地震が発生する可能性も否定し難いこと，以上の点が認められる。

イ　しかしながら，①本件建物の耐震性に問題があるとの指摘は，平成20年度になされていたところ，それにもかかわらず，債権者及び大阪市は，本件建物について，その後10年以上も補修を重ねながら利用を継続してきたこと，②令和2年12月に終了予定であるとはいえ，同建物内において本件医療施設が稼働している状態にあること，以上の点が認められ，これらの点に，③前記前提事実(4)で認定したとおり，債権者は，令和2年1月に本件土地につき債務者らの一部を債務者として別件占有移転禁止仮処分決定を得た上，同年3月に大阪府議会において，本件本案訴訟の提起に関する承認を得て，同年4月に別件占有移転禁止仮処分決定が執行された債務者らを被告として本件本案訴訟を提起し，その後，同年7月に至って，本件申立てを行っていると用イメージ案が示されているにすぎず，個々具体的な利用計画に関しては，未だまちづくり会議において検討の基礎とされる案が行政機関からも示されていない段階にあること，⑥本件建物の解体工事についてみても，事業契約請求が既にされたことを認めるに足りる的確な疎明はなく，工事業者の入札時期や工事金額が決定したことを認めるに足りる的確な疎明資料も認められないこと，⑦その結果，同工事費用に関する予算措置も今後の大阪市議会に委ねられていること，⑧大阪市は，解体工事期間につき２年間を想定しているものの，同年数が必要であることを根拠付ける具体的な根拠に関する疎明は認められないこと，以上の点からすると，債権者がその遅れを懸念する本件建物の建替計画については，それ自体が将来にわたる不確定要素を多く含むものといわざるを得ない。そうすると，本件本案訴訟の結果を待つことにより本件建物の立替計画の実施時期に変更が加えられたとして，債権者において，具体的に，どのような損害が生じるのかという点について，十分に疎明されているとは言い難い。

(2) まちづくり会議等の参加団体と債権者との間の信頼関係の毀損及びこれによる本件地域再開発への影響の点について

債権者は，前記第２の４(4)（債権者の主張）イ記載の点を挙げて，保全の必要性がある旨主張する。

しかしながら，上記認定事実(1)で認定説示した会議の経過やその内容等に鑑みると，そもそも，まちづくり会議の参加団体等と債権者との間の信頼関係なるものは，極めて抽象的かつ主観的なものにすぎないといわざるを得ない。また，仮に，債権者主張に係る信頼関係を観念できるとしても，①上記(1)で認定説示したとおり，本件建物の建替計画それ自体について，未だ不確定要素が多く含まれていること，②これまでも，会議を開催するたびに，スケジュールが度々変更されてきたこと，③まちづくり会議の委員の中には，本件建物の解体工事に伴う野宿生活者の排除について懸念を示す者もいたこと（認定事実(1)ウ(サ)），以上の点が認められ，これらの点に，債権者は，計画実現に向け，債務者らによる本件土地占有を排除すべく本件本案訴訟を提起していること（前提事実(4)イ）をも併せ鑑みれば，債務者らによる本件土地占有及び本件本案訴訟の帰趨といった要因により再びスケジュールが変更されることがあったとしても，直ちに上記信頼関係に悪影響が及ぶとは考え難い。そうす

⑵　被保全権利の有無

ア　債務者らに係る本件土地に関する占有権原の有無（争点２）

イ　本件申立てが権利濫用等に該当し，許されないものであるか否か（争点３）

⑶　保全の必要性（争点４）

4　争点に関する当事者の主張要旨

（略）

第３　争点に関する当裁判所の判断

（１～２　略）

3　保全の必要性（争点４）の点について

本件事案の内容，性質，当事者の主張内容等に鑑みて，本件については，被保全権利の有無に関する判断（争点２，３）に先立ち，保全の必要性（争点４）から検討することとする。

⑴　本件建物建替計画の遅れの点について

ア　上記認定事実⑴（西成特区構想に関する事実経過）によれば，本件建物の建替えは，耐震性に問題がある建物の処遇という観点のみならず，本件地域に存在する多様な問題を解決するための特区構想の中心的な施策の一つとして高い公益性を有する事業であるということができるところ，債務者らによる本件土地占有は，本件建物の建替計画の遂行につき一定の支障になっていると認められる。

イ　しかしながら，①少なくとも本件建物内に存在した各施設については，既に本移転又は仮移転を完了ないし近々予定しており（認定事実⑶），その機能を維持していること，②本件建物解体工事の実施時期については，まちづくり会議において提案，了承された後も，度々変更が加えられてきたこと（認定事実⑴ウ），③新労働施設の建設に関しては，同施設の供用開始時期を令和７年度（2025年度）とする部分は確定しつつあったものの，同年度に供用を開始しなければならないという個別具体的な必要性については，明確な根拠等があったとはいえないこと，④新労働施設については，本件敷地内南側に新設するという大まかな方針（利用イメージ案。甲19の②）は示されたものの，その内容は，概略的なものにとどまっており（甲19の②の図参照），同施設自体の規模や機能といった基本的な計画さえも未だ定まっていないこと（認定事実⑴ウ㈹），⑤本件敷地全体については，利

入し，野宿者等多くの生活困窮者が生活している。（甲44）

イ(ア) 国，債権者，大阪市及び雇用促進事業団（当時）は，昭和45年，本件地域における就労の適正化等を目的として，本件敷地上に，地上13階，地下1階の建物（あいりん総合センター。以下，「本件建物」という。）を建設した（甲3，16）。

(イ) 本件建物には，あいりん職業安定所（以下「本件職安」という。）及び公益財団法人西成労働福祉センター（以下「本件福祉センター」といい，本件職安と合わせて「本件労働施設」という。）が入っていた。本件労働施設には，いわゆる寄場としての機能のほか，シャワールーム，ランドリー，食堂等の設備があった。同施設利用者は，求職活動を行う以外にも，上記寄場スペースで食事をし，休息するなどしていた。

また，本件建物の北側には，社会福祉法人大阪社会医療センター（以下「本件医療施設」という。）が入り，同南側には市営萩之茶屋住宅（以下「本件市営住宅」という。）が入っていた。（甲3）

ウ 本件敷地は四方を道路に囲まれた土地であるところ，本件土地は，本件敷地のうち本件建物が建築されていない外周部分である（具体的には，別紙図面のとおりである。）。（甲1，2，5）

(3) 債務者らによる本件土地占有

ア 債務者I（以下「債務者I」という。）は，釜ヶ崎地域合同労働組合執行委員長を務める者であり，本件土地に「I事務所」と表示された同人所有のバス（以下「本件バス」という。）を駐車するなどして本件土地を占有している（当事者間に争いがない。）。

イ 債務者T（以下「債務者T」という。）は，本件土地に「団結小屋」と称されるテント（以下「本件小屋」という。）を設置するなどして本件土地を占有している（当事者間に争いがない。）。

ウ その他の債務者らは，本件土地に毛布やブルーシート，自転車等の物品を置いて生活の拠点とするなどして，それぞれ本件土地を占有している。

(略)

3 本件の争点

(1) 本件申立ての適法性

法律上の争訟性（争点1）

付録　あいりん総合センター土地明渡断行仮処分命令申立却下決定文
（証拠等省略）

令和２年(ヨ)第591号　土地明渡断行仮処分命令申立事件

決　　　　　　　　　定

当　事　者　　　　　　別紙当事者目録記載のとおり

主　　　　　　　　　文

1　債権者の申立てを却下する。

2　申立費用は債権者の負担とする。

理　　　　　　　　　由

第１　申立ての趣旨

債務者らは，債権者に対し，別紙物件目録記載５の土地を仮に明け渡せ。

第２　事案の概要等

1　事案の概要

本件は，別紙物件目録記載１ないし４の土地（以下「本件敷地」という。）を大阪市と共有する債権者が，債務者らにおいて，本件敷地の一部である別紙物件目録記載５の土地（以下「本件土地」という。）を占有しているとして，債務者らに対し，共有持分権に基づく返還請求権を被保全権利として，同土地を仮に明け渡すよう求めている事案である。

2　前提事実（当事者間に争いのない事実並びに後掲疎明資料［特に記載のない限り枝番を含む。以下同じ。］及び審尋の全趣旨により容易に認められる事実）

(1)　債権者による土地所有

債権者は，本件敷地を大阪市と共有している（債権者の共有持分は，いずれも1000分の627である。甲１）。

(2)　本件敷地の利用状況等

ア　本件敷地は，大阪市西成区の北東にある１平方キロメートル足らずのいわゆる釜ヶ崎地域（あいりん地域ともいわれる。以下「本件地域」という。）内に位置する。本件地域には全国から日雇労働者が流

著者略歴

1960年山梨県生まれ。東京大学法学部卒業後、東京大学法学部助手、東北大学法学部助教授（憲法講座）を経て、1997年弁護士登録。1998年4月西成法律事務所開設。
単著に『自由とは何か──法律学における自由論の系譜』（日本評論社、1993）、『市民と憲法訴訟──Constitution as a Sword』（信山社、2007）、『不平等の謎──憲法のテオリアとプラクシス』（法律文化社、2010）、『人権という幻──対話と尊厳の憲法学』（勁草書房、2011）、『希望への権利──釜ヶ崎で憲法を生きる』（岩波書店、2014）、共著に『〔改訂〕ホーンブック憲法』（樋口陽一編、北樹出版、2001）、『沈黙する人権』（石崎学・遠藤比呂通編、法律文化社、2012）、『学問／政治／憲法──連環と緊張』（石川健治編、岩波書店、2014）、『ヘイト・スピーチの法的研究』（金尚均編著、法律文化社、2014）など。

国家とは何か、或いは人間について
怒りと記憶の憲法学

2021年2月20日　第1版第1刷発行

著者　遠《えん》藤《どう》比《ひ》呂《ろ》通《みち》

発行者　井　村　寿　人

発行所　株式会社　勁《けい》草《そう》書　房

112-0005 東京都文京区水道2-1-1　振替 00150-2-175253
（編集）電話 03-3815-5277／FAX 03-3814-6968
（営業）電話 03-3814-6861／FAX 03-3814-6854
堀内印刷所・松岳社

ISBN978-4-326-45124-1　　Printed in Japan